国际理解教育：
价值和策略

陈红 著

图书在版编目（CIP）数据

国际理解教育：价值和策略 / 陈红著. -- 北京：华文出版社，2023.12

ISBN 978-7-5075-5681-0

Ⅰ.①国… Ⅱ.①陈… Ⅲ.①国际教育－研究 Ⅳ.①G51

中国国家版本馆CIP数据核字(2023)第230420号

国际理解教育：价值和策略

著　　者：陈　红
责任编辑：刘超平
出版发行：华文出版社
地　　址：北京市西城区广外大街 305 号 8 区 2 号楼
邮政编码：100055
网　　址：http://www.hwcbs.cn
电　　话：总编室 010-58336239　责任编辑 010-58336222
　　　　　发行部 010-58336267
经　　销：新华书店
印　　刷：北京建宏印刷有限公司
开　　本：710mm×1000mm　1/16
印　　张：11.25
字　　数：140 千字
版　　次：2023 年 12 月第 1 版
印　　次：2023 年 12 月第 1 次印刷
标准书号：ISBN 978-7-5075-5681-0
定　　价：41.00元

版权所有　侵权必究

目 录

自　序 / 001
绪　论 / 001

第一章　国际理解教育概述
第一节　国际理解教育的价值 / 005
第二节　国际理解教育的发展历程 / 015
第三节　我国的国际理解教育 / 027

第二章　理解的哲思
第一节　理解如何可能 / 041
第二节　跨文化理解如何可能 / 053

第三章　国际理解教育的目标及内容
第一节　国际理解教育的目标建构 / 066
第二节　国际理解教育的内容 / 076

第四章　国际理解教育的实施策略
第一节　渗透型实施策略：国家课程体系中的国际理解教育 / 091
第二节　项目化学习的实施策略：跨学科中的国际理解教育 / 105
第三节　问题解决的实施策略：跨文化理解能力的培养 / 122

第五章　国际理解教育的组织保障

　　第一节　区域推进国际理解教育 / 139

　　第二节　学校推进国际理解教育 / 148

　　第三节　国际理解教育的教师队伍建设 / 159

自 序

国际理解教育是第二次世界大战之后,联合国教科文组织基于对两次世界大战的反省而提出的。两次世界大战给世界人民带来的深重灾难,使维护和平秩序、尊重每个民族和国家的自主权的呼声越来越高。随后,全球化浪潮的迅猛发展,不仅使国与国之间在经济上的相互依存度不断提高,而且带来了多样文化、生活方式、价值观念、意识形态等的跨国交流、碰撞、冲突与融合。互联网等大众传媒技术手段又为不同民族、不同宗教信仰、不同文化传统的国家和地区人们之间的交流提供了便利。但是,由于缺乏必要的了解,不同的文化系统之间,往往会产生猜疑,互不信任,甚至彼此诋毁。如何在相互信任和理解的氛围中,尊重文化多样性、加强对话、增进合作、达成理解就成了一个重要问题。相应地,国际理解教育就成为各国国际化进程中全球教育的重要内容。

随着改革开放的深入,我国的对外文化交流越来越频繁,这就要求我国的青少年既需要保有几千年历史文明古国的传统文化积淀而成的民族性,又需要具备国际视野;既需要有跨文化交往能力,又需要具备寻找共识、建立国际竞争与合作规则的素养。2010年,《国家中长期教育改革和发展规划纲要(2010—2020年)》第一次对"国际理解教育"提出明确的要求:"加强国际理解教育,推动跨文化交流,增进学生对不同国家、不同文化的认识和理解。"①2016年9月发布的《中国学生发展核心素养》在"社会参与—责任担当"中就有"国际理解"的基本要点。该要点的具体表述是:"具有全球意识和开放的心态,了解人类文明进程和世界发展动态;能尊重世界多元文化的多样性和差异性,积极参与跨文化交流;关注人类面临的全球性挑战,理解人类命运共同体的内涵与价值等。"②这意味着,在全球化背景下,国际理解教育作为当今培育全面发展的人的重要内容,被纳入各级各类学校教育工作中。中小学教育在国民教育体系中具有基础性作用,帮助青少年在认同本民族文化的同时,了解别国历史、文化、社会习俗,学习跨文化的交往技能,促进跨文化理解的水平,培养能够迎接全球性挑战的,具有善良、公正、热爱和平、关心人类共同发展的有情操的人。这是新时代赋予基础教育的新使命。

源于国家的发展需要、北京市的城市定位,以及对北京市基础教育人才规格培养的敏锐眼光与责任意识,1999年1月,时任北京教育学院院长的倪传荣带队赴日本东京参加了第四届亚洲—太平洋地区国际理解教育研讨会③,认识到国际理解教育势在必行,呼吁要在我国开展国际理解教育研究。同年4月,北京教育学院将国际理解教育立项为集体重点科研课题,在北京市率先展开了对国际理解教育的研究,并取得了一系列研究成果。

为了在北京市基础教育中推行国际理解教育,北京教育学院作为北京市基础教育教师培训的成人院校,在2004年组建了小学和初中《国际理解》北京地方教材的编写队伍。2005年,北京市教育委员会批准把国际理解教育课程作为北京市的地方课程和教材

---

①国家中长期教育改革和发展规划纲要(2010—2020年)[M].北京:人民出版社,2010:50.
②核心素养研究课题组.中国学生发展核心素养[J].中国教育学刊,2016(10):3.
③王远美,李晶.北京市实施国际理解教育的回顾与思考[J].北京教育学院学报,2010(2):50.

编写立项。我也是在这个时候第一次与"国际理解教育"有了"亲密接触",有幸参加了小学《国际理解》四册教材的编写工作,担任了小学《国际理解》四年级下册的主编。

为了编写好北京市地方教材《国际理解》,我们从尝试分析国际理解教育的缘起开始,反思两次世界大战给人类造成的巨大灾难,呼吁人类要团结起来,加强不同国家、不同地域、不同民族之间的相互理解,以共同维护世界和平。我们梳理了人类对"理解"的理解、跨文化冲突等哲学、人类学、社会学相关理论,并对全球化教育、多元文化教育、可持续发展教育、民族传统文化教育之间的关系进行了研究。从对"理解"的哲学思考中,我们形成了国际理解教育的逻辑路径——文化具有差异性,所以,理解是必要的;文化又具有同一性,所以,理解又是可能的。由赵中建主译的联合国教科文组织教育丛书"全球教育发展的历史轨迹——联合国教科文组织国际教育大会建议书专集",聚焦国际理解教育的核心内容,找寻国际理解教育的两个核心概念:文化民主(文化的差异性)、和平文化(文化的同一性)。这套书建构了国际理解教育的基本框架,指导了我们的教材编写及教学实践。

在教材编写后期,我们选择几所小学和初中做教材的试点培训工作,为北京市基础教育的教师培训积累了经验、奠定了基础。在推进国际理解教育进课堂的过程中,我们对在我国基础教育中进行国际理解教育的课程建设的路径及策略进行了探索。2008—2014年,以北京市地方教材中小学《国际理解》教材培训为依托,我们开始培养能够进行国际理解教育的北京市基础教育的骨干教师,打造了一批国际理解教育精品课。国际理解教育本身不是一种学科知识性教育,而是一种价值观教育,不仅可以在学科内进行,还可以在学校的各种教育活动中进行。进入学校,所有教职员工及环境都应该是教育者或者是具有教育意义的元素。所以,国际理解教育的培训对象,不仅仅限于学科教师,还包括教育行政人员、学校的教职员工。因此，我们还努力促进学校的教职员工开展各种教育性活动，创造一种校园文化氛围，以有利于学生公正、无私、宽容、尊重等国际理解素养的养成。

2009—2012年，我和团队成员赵克玲老师还参加了联合国教科文组织亚太地区国际理解教育中心组织的中日韩三国国际理解教材的编写。2011年，我申报的北京市教育科学"十二五"规划重点研究课题"首都国际化进程中的国际理解教育的价值及策略研究"成功立项。2013年，北京市中小学国际理解教育教师能力建设的创新实践，被评为该年度亚太国际理解教育中心的最佳实践奖。

本书的写作基本上沿着我们对国际理解教育的课题研究、教材编写、教师培训、教学实施策略提炼这一过程，并对每一阶段的研究进行了成果梳理，包括国际理解教育是怎么来的，又是怎么发展的，哲学、人类学、社会学、心理学等学科中有关"理解"的思考，以及我国国际理解教育政策的演变。以期为基础教育从业者或者准备进行国际理解教育研究的教师，提供相对全面的参考资料。

本书由绪论和五章正文组成。绪论主要从立德树人的根本任务出发，阐释了国家认同、人类命运共同体理念、中华优秀传统文化在国际理解教育中的基础地位，这也是我们进行国际理解教育要遵循的基本原则。

第一章是对国际理解教育的概述。我梳理了国际理解教育的由来及每一阶段发展的重点内容，全面介绍了联合国教科文组织框架下的国际理解教育的目的、内容、途径，梳理了我国国际理解教育发展的状况。

第二章概括了一些哲人对"理解"本身的思考。从人类学、文化心理学、解释学视角回答"理解"何以可能，从跨文化视野回答"跨文化理解如何可能"。这些理论进一步明确了"理解"不是在枝节、细节方面达成一致，而是在为解决共同的问题，在一个更为根本的目标上达成"视域融合"。

第三章至第五章，均属于对国际理解教育的微观实践探索。内容包括国际理解教育的目标及内容、国际理解教育的实施策略、国际理解教育的组织保障。同时，还结合了一线教师对国际理解教育的实践，为大家提供了丰富的研究案例。

本书是我多年从事国际理解教育心得体会的总结。我意识到，世界越来越紧密地联系在一起，必须团结一致来解决人类面临的共同问题。要解决问题，就需要加强对话，需要国际理解。加强国际理解教育的教师培训，促使教师自身的国际理解素养及国际理解教育素养的提高，进而对学生的全面发展有所贡献，是基础教育教师培训者的责任与使命。由于时间和水平的关系，书中一定会有很多不尽如人意之处，恳请有关专家、学者和广大读者不吝赐教。

本书的出版，得到了时任北京教育学院人文与社会科学学院院长吴欣歆教授的大力支持和帮助，感谢国际理解教育团队的冯艺远、何艳、赵克玲等各位同人的共同努力，感谢北京教育学院何妮妮和冯华两位教授及中国教育科学研究院杨一鸣博士的指导。凡是参加书稿讨论的老师，在此一并感谢。

陈红
2021年4月

绪　论

全球化是当今时代的显著特征。全球化时代，国与国之间、地区与地区之间的经济贸易往来、文化交流日益增强，世界已经成为一个互相依存的整体。与此同时，当今世界正经历百年未有之大变局，我国正处于实现中华民族伟大复兴的关键时期。时代变化对任何一个国家培养人才的定位、教育内容的确立和教育方法的创新都有着重要影响。国际理解教育已经成为全球化时代教育的重要内容。因此，在这个大变局之下，在这个关键时期，我们对国际理解教育要有以下基本理解。

第一，我国的国际理解教育要以立德树人为根本任务，以国家认同为基础。

党的十八大把"立德树人"作为教育的根本任务。立什么德、树什么人，这是解决"培养什么人、怎样培养人、为谁培养人"的根本。研究学生核心素养是落实立德树人根本任务的重要举措，基于此，党的十八大以后，经过几年的探究过程，2016年我国发布了《中国学生发展核心素养》，细化了人才培养目标的指向和要素，以系统地提升我国21世纪人才的核心竞争力。2021年，《中华人民共和国教育法》进一步明确了党和国家的教育方针，即"教育必须为社会主义现代化建设服务、为人民服务，必须与生产劳动和社会实践相结合，培养德智体美劳全面发展的社会主义建设者和接班人"①，为我国学生核心素养的培育指明了方向。以《普通高中课程方案》（2017年版2020年修订）、《义务教育课程方案》（2022年版）为标志，聚焦核心素养培育已经成为我国新一轮基础教育课程改革的基本原则。可以说，在整个教育体系中，为了适应时代的需要，培养学生热爱和平，尊重文化多样性，具备全球化时代所需要的交往能力，具有开放意识、国际视野和人类命运共同体意识，都是核心素养培育的题中应有之义。

国际理解教育要以国家认同为基础，这是国际理解教育的政治站位。《中国学生发展核心素养》在学生"社会参与"方面提出"国家认同"这一要点，并规定"国家认同"的重点是"具有国家意识，了解国情历史，认同国民身份，能自觉捍卫国家主权、尊严和利益；具有文化自信，尊重中华民族的优秀文明成果，能传播弘扬中华优秀传统文化和社会主义先进文化；了解中国共产党的历史和光荣传统，具有热爱党、拥护党的意识和行动；理解、接受并自觉践行社会主义核心价值观，具有中国特色社会主义共同理想，有为实现中华民族伟大复兴中国梦而不懈奋斗的信念和行动"②。因此，我国的国际理解教育首先要培养对国家有认同、对文化有底气、对发展有信心的德智体美劳全面发展的社会主义建设者和接班人。

第二，我国国际理解教育要秉持人类命运共同体的理念。

在人们的思想中筑起捍卫和平的意识是国际理解教育的使命。当今世界处于百年未有之大变局，诸如战争与和平、生态失衡、环境污染、人口爆炸、资源短缺、跨国犯罪和信仰危机等关系到整个人类生存与发展的全球问题，都不是哪一个国家能够独立

---

① 中华人民共和国教育法［EB/OL］（2021-04-29）. https://flk.npc.gov.cn/detail2.html?ZmY4MDgxODE3YWIyMmI4YTAxN2FiZDc3N2NkYzA1ZDg%3D.
② 核心素养研究课题组.中国学生发展核心素养［J］.中国教育学刊，2016（10）：3.

解决的。构建人类命运共同体的理念为解决国际问题提供了全新的价值观，也对国际理解教育的创新和发展具有指导意义。

人类命运共同体理念强调寻求人类共同利益和共同价值，各国在追求本国利益时要关切其他国家的合理诉求，在谋求本国发展时，也要促进他国共同发展。构建人类命运共同体并不是消解他民族文化，恰恰相反，是在承认文化差异合理性的前提下包容和尊重差异。构建人类命运共同体蕴含着"协和万邦""天下大同"的中国情怀，"和而不同""休戚与共"的中国智慧；蕴含着文明互动的内在价值，坚持文明交流、文明互鉴、文明共存的行动准则，有助于各国相互理解、相互尊重、相互信任。从某种意义上讲，人类命运共同体蕴含的理念与国际理解教育追求的目标不谋而合，也因此成为国际理解教育需要秉持的理念之一。

第三，我国的国际理解教育要立足中华优秀传统文化，增强文化自信，向世界讲好中国故事。

国际理解教育不是泛泛地去了解别国文化，尊重别国文化的教育，而是先要让学生深刻地了解本民族的文化，涵养文化底蕴。思想文化是一个国家、一个民族的灵魂。无论哪个国家、哪个民族，如果不尊重、不珍惜、不传承本民族的思想文化，都无法立足于世界民族之林。

中华文化源远流长、博大精深，是在我国历史传承、文化传统、经济社会发展的基础上长期发展、渐进改进、内生性演化的结果，是中华民族共同的精神标识，涵养着中华民族共同的价值观，也是社会主义核心价值观的重要源泉。传承和弘扬中华优秀传统文化，能够激发民族自信心和自豪感。中华优秀传统文化中蕴含的革故鼎新、实事求是、安民富民、天人合一等思想，能够为解决当代中国和世界发展中的许多问题提供有益借鉴。中华优秀传统文化强调的求同存异、和而不同、和平发展，有助于正确认识和处理国际关系，推动建立以合作共赢为核心的新型国家关系，构建人类命运共同体。讲好中国故事，不仅教师要讲，学生也要讲，更要自信地讲好。因此，国际理解教育必须立足于中华优秀传统文化，培养兼具文化认同、文化自信与国际视野的新时代青少年。

第四，我国的国际理解教育还要系统施策，各方协同，共同保障学生国际理解教育的目标达成。

国际理解教育已经作为中国学生发展核心素养培育的重要环节纳入基础教育的各学科新课标中。这就要求各学段各学科教师及其他教育工作者全过程、全覆盖地落实课程标准的要求。由于国际理解教育是以培养全球意识、尊重文化多样性、理解人类命运共同体的理念等价值观教育为核心，其内容具有综合性，在我国基础教育中不能以单一的国家课程呈现，这就需要各学科教师准确把握国际理解教育的目标和内容。此外，教师还要掌握进行国际理解教育的有效策略，需要针对不同课型和素养培育的方式分类施策。本书第四章对学科渗透型的国际理解教育策略、项目化学习的跨学科国际理解教育策略、问题解决的跨文化理解能力培育策略进行了详细的阐述，并提供了大量的案例。

国际理解教育单靠学科教师来实施是远远不够的，必须要有强大的组织保障，比如需要区域教研力量、学校和培训教师机构协同发力，多措并举，分类推进，分层实施。唯有如此，学生的国际理解素养才能够养成。

第一章 国际理解教育概述

自新航路的开辟和新大陆发现以来,伴随着科技、交通工具的快速发展,人类不同文明之间越来越多的交流与融合,跨区域、跨国界的经济、政治、文化间的往来日益增多。世界各国、各地区、各民族的发展不再孤立地进行,而是形成一个紧密相连、休戚与共、水乳交融的整体。共同维护国际和平与安全,促进国际合作,解决国际经济、社会、文化等各方面的问题,成为世界人民的共识。这一共识的形成,需要以人类不同文明的相互融合、相互交流、相互理解为基础。为此,在联合国的倡导下,国际理解教育已经成为教育的新理念。

第一节 国际理解教育的价值

20世纪前半叶,人类爆发了两次世界大战。战争给世界各国的经济发展、各民族人民的生命安全带来了深重的灾难。怎样阻止类似的灾难再次发生,国际社会在进行着积极的探索。其中,教育应该怎么为世界和平做贡献成为战后教育体系重建的核心问题。

一、国际理解教育:国际社会对和平的诉求

1942年,第二次世界大战尚未结束之际,抗击德国纳粹及其盟国的欧洲各国政府在英格兰召开了同盟国教育部长会议,思考

并提出了一系列教育体系重建设想。这些设想引起国际社会的普遍反响，包括中国、美国在内的更多国家纷纷参与进来。

1945年10月24日，出于维护各国的根本利益以及对战争的深刻反省，在国际反法西斯统一战线的基础上，经中国、法国、苏联、英国、美国及大多数其他签字国批准的《联合国宪章》正式生效，标志着第二次世界大战后由主权国家组成的国际组织——联合国（United Nations）正式成立。联合国致力于维护国际和平与安全，促进各国在国际法、国际安全、经济发展、社会进步等方面的合作，解决国际经济、社会、文化等各方面的问题，并促进对全体人类的人权和基本自由的尊重。

顺应此势，1945年11月，同盟国教育部长会议提议，在伦敦举行教育及文化组织的联合国会议。会议结束时，联合国在国际教育、科学和文化领域的专门机构——联合国教育、科学及文化组织（United Nations Educational, Scientific and Cultural Organization, UNESCO）（以下简称"联合国教科文组织"）成立。

该组织充分地意识到教育、科学、文化对个人全面发展以及社会的经济增长和国际团结的重要意义，坚信教育可以为世界的和平、人类的发展起到不可替代的作用。1946年11月，联合国教科文组织在巴黎召开第一届大会，宣称科学、文化、教育等领域的交流互鉴，能够在人类思想中树立起和平的意识，为解决破坏和平的纷争做出独到的贡献。《联合国教科文组织法》的序言中写道："战争起源于人之思想，故务需于人之思想中筑起保卫和平之屏障。"造成和平无法实现的障碍是"人类自有史以来，对彼此习俗和生活缺乏了解"，导致"世界各民族间猜疑与互不信任"，"而此种猜疑与互不信任又往往使彼此间之分歧最终爆发为战争"。大规模恐怖性的两次世界大战之所以发生的一个很重要的原因是"人类尊严、平等与相互尊重等民主原则之遭摒弃，亦因人类与种族之不平等主义得以取而代之，借无知与偏见而散布"。而"文化之广泛传播以及为争取正义、自由与和平对人类进行之教育为维护人类尊严不可缺少之举措,亦为一切国家关切互助之精神,必须履行之神圣义务;和平若全然以政府间之政治、经济措施为基础则不能确保世界人民对其一致、持久而又真诚之支持。为使其免遭失败,和平尚必须奠基于人类理性与道德上之团结;为此,本组织法之各签约国秉人皆享有充分与平等受教育机会之信念,秉不受限制地寻求客观真理以及自由交流思想与知识之信念,特同意并决心发展及增进各国人民之间交往手段,并借此种手段之运用促成相互了解,达到对彼此之生活有一更真实、更全面认识之目的"①。

在这个序言中,我们可以清楚地看到联合国教科文组织的崇高使命是通过教育、科学及文化来促进各国间的合作,并对和平与安全做出贡献,以增进对正义、法治及《联合国宪章》所确认之世界人民不分种族、性别、语言或宗教均享人权与基本自由的普遍尊重。

联合国教科文组织自诞生之始就以维护世界和平、维护世界新秩序、增进文化理解、避免类似战争的极端冲突为历史使命。其中,推动国际理解教育(Education for International Understanding,缩写EIU)便是联合国教科文组织实现历史使命的一项重要举措,体现了其在人文、教育领域探索世界和平途径的努力。

二、国际理解教育的内涵

(一)"国际理解教育"提法的演变

联合国教科文组织对"国际理解教育"的提法历经几次变化,才最后确定。

"国际理解教育"是1946年在联合国教科文组织第一届大会上首次提出的。当时是以"民族—国家"的视角,强调主权国家之

---

① 谢喆平.中国与联合国教科文组织的关系演进:关于国际组织对会员国影响的一项经验研究[M].北京:教育科学出版社,2010:199—200.

间需要在加强合作的基础上增进理解,在思想上构筑和平的屏障,以保障世界各国人民能够免除战争之苦。1948年,在《青年的国际理解精神的培养和有关国际组织的教学》这一提议中,强调国际理解教育要增进人们——特别是青少年、青年一代——的"世界社会"的责任感,强调坚信基本人权的信念,"这种国际理解应以国家间的相互尊重和对相互历史发展的欣赏为基础"[①]。这里所说的"世界社会"蕴含着每个人都要具有超越一国公民的属性,要具有为人类的福祉做出贡献的伦理责任。20世纪50年代初,联合国教科文组织提出了"世界公民教育"的概念。这个提法遭到了质疑,反对者认为公民是国家框架内的概念,"世界公民"是否意味着在主权国家之外还有另外一个世界身份,所以该提法没有被采纳。随后,联合国教科文组织用现实性色彩浓厚的"以世界共同生活为目的的教育"、"国际理解"和"国际合作"等术语替代了"世界公民教育"这一暗含着理想主义色彩的提法。"国际理解教育"这一提法再次回归并成为联合国教科文组织比较稳定的概念。

国际理解教育提法的演变,直接反映的是国际理解教育核心内容的变化。这种变化主要是由当时复杂的国际形势以及各国在教育内容上的关注点不同导致的。但是,无论提法如何变化,追求和平、加强合作、促进理解这个宗旨始终没有改变。

(二)国际理解教育的内涵

国际理解教育是联合国教科文组织倡导的,旨在通过教育,促进文化间的交流和理解,进而促进世界和平。由此,国际理解教育就是指在联合国教科文组织的推动下,在世界各国的国民教育中推行的一种国际素质教育。其目的是增进不同文化背景、不同种族、不同宗教信仰和不同国家、地区的人们之间的相互了解、相互宽容

[①] 赵中建.全球教育发展的历史轨迹——联合国教科文组织国际教育大会建议书专集[M].北京:教育科学出版社,2005:73.

和相互合作，以便帮他们共同认识和处理全球社会存在的重大共同问题，促使每个人都能够通过对世界的进一步认识来了解自己和了解他人，"将事实上的相互依赖变成有意识的团结互助"[①]。

这个界定包含以下几层含义。

第一，国际理解教育的目的是和平。联合国教科文组织在建立之初就明确了其宗旨，即通过教育、科学及文化方面的国际合作，增进各国人民之间的相互了解，维护世界和平。此时的国际理解教育是一种以消除战争灾难、促进世界和平和社会进步为目的，坚持相互尊重、平等的原则，强调不同主权国家、不同种族、不同宗教团体摒弃对立、隔阂、仇恨和冷漠的教育活动和教育理念。

第二，国际理解教育越来越走向全球化教育。20世纪70年代以来，全球化的加速发展导致人类联系愈加紧密，同时世界环境危机也使得人们意识到人类必须共同面对这些全球问题。为此，国际理解教育开始逐渐关注影响全球发展的问题，成为全球化教育。

第三，国际理解教育的内容随着时代的发展也在不断丰富。最初的国际理解教育就是一种和平教育，是人类实现和平的思想保障。随着经济全球化的迅猛发展，"全球化教育""多元文化教育""人类命运共同体意识教育""国际教育""可持续发展教育""世界遗产教育"都被纳入国际理解教育的范围。

可以看出，上述几层含义都以文化理解为主线，这是由联合国教科文组织自身涉猎的领域决定的。例如，在美国，国际理解教育包括全球教育、国际教育、多元文化教育等；在澳大利亚，国际理解教育包括全球教育、文化间理解教育、未来教育；在中国，国际理解教育则包括中华民族传统教育、多元文化教育、全球化教育、国际教育等内容。

---

①联合国教科文组织总部中文科.学习——内在的财富：国际21世纪教育委员会向联合国教科文组织提交的报告［M］.北京：教育科学出版社，1998：34.

各国国际理解教育的内容虽然丰富庞杂，但有一点是共同的，即都是对"和平与发展"这一时代主题进行的思考，以寻找人与自然、人与人、人与社会共存共生的发展模式。

深入分析联合国教科文组织对国际理解教育的这些主张以及学者们的有关论述，我们可以对国际理解教育的内涵做如下解读。

第一，国际理解教育是一种教育活动。国际理解教育不是停留在一般的倡导上，而是一种培养人们国际理解素养的积极的、有目的的教育活动。它是培植人类赖以共存的和平文化与生活价值观，关注和解决人类全球性问题的教育活动；它是促进人们对多元文化的理解与尊重，加强民族文化与世界文化遗产认同的教育活动；它还是开展国际交流与对话，拓展人们认识世界和国际交往能力的教育活动。

第二，国际理解教育究其本质是一种价值观教育。国际理解教育的目的"不仅仅是传授知识，而且应致力于发展有利于国际理解和尊重人权的态度和行为"[1]。把"和平"作为人类共同的价值观，通过教育使人们自觉地了解世界各国、各民族的文化，了解人类社会历史发展的多样性。以一种开放的心态，平等公正地理解、对待和尊重世界各国、各地区、各民族的文化传统，学习汲取人类创造的优秀文明成果，以便更好地促进人们对本民族和国家与其他民族和国家的文化间的理解，促进不同文化之间的相互交流与融合，增进人们之间的相互尊重，从而维护世界和平。

第三，国际理解教育是一种综合性教育。它注重培养学生的多元视角和对多样化文化的尊重、宽容和理解；注重培养学生的全球视野和作为"地球村"村民的自觉意识。国际理解教育主要包括和平教育、发展教育、环境教育、人权教育、民主教育、多元文化教育、跨文化理解教育、世界遗产教育等。这些内容有相互交叉的

---

[1] 赵中建.全球教育发展的历史轨迹——联合国教科文组织国际教育大会建议书专集[M].北京：教育科学出版社，2005：312.

地方，每个国家会根据自己国家发展的实际需要，在不同的发展阶段，选择不同的教育内容作为国家推行国际理解教育的侧重点。

第四，国际理解教育要培养一种认识框架、一种思维方式。在全球化时代，人们必须以全人类基本认同、理解并尊重的标准，将国家的、民族的问题放在世界的大范围、大框架下进行思考。因为世界已经变成一个不可分割的整体，诸如饥饿、贫穷、战争、南北关系、生态失衡、环境污染、人口爆炸、资源短缺、国际恐怖主义、跨国犯罪和信仰危机等，都是关系整个人类生存与发展的严峻问题。这些问题的解决都需要国际性的合作，所以人们在认识和处理问题时必须具备世界眼光，以人类的视野、开阔的胸怀看待世界历史与当今国际社会的发展，关注人类的共同命运。我们应反对只顾本国利益、不顾他国利益的霸权主义行径或者狭隘的民族主义思维模式。

三、国际理解教育的价值取向

（一）高举和平的旗帜，凝聚团结的力量

和平是人类恒久的追求，也是国际理解教育倡导的核心，因为这是实现社会和谐的必要条件。建立在相互理解、尊重差异基础上的国际理解教育始终主张坚持平等原则，与他人或他民族、他文化展开持续而深入的交往，发展同他人交流、分享和合作的能力；要求公民不仅要尊重本国文化，还要尊重他民族、他国文化，培养在国家和世界范围内的团结、公正和宽容的感情，构建新的价值观念体系，并将这一普遍认可的价值观念作为交往的共同基础。

联合国教科文组织从和平与发展的视角出发，持续关注教育与社会的发展，洞察教育面临的挑战，预测教育发展的方向，以适应经济全球化的发展趋势。面对日益扩大的社会不平等、不断增长的社会多元文化的特征、变化迅速的价值体系等，联合国教科文组织提出了自己独到的见解，这些见解成为各国教育改革的指南；同时，还积极促进国际理解教育由建议到具体的教育行动。

联合国教科文组织通过在世界各国建立合作学校来实施和推广国际理解教育。国际理解教育已成为各国培养青少年的国际理解、相互交流与合作意识的重要途径。

1953年,联合国教科文组织成立的联系学校项目网络(ASPnet,以下简称"联系学校"),就是积极尝试并推动国际理解与和平教育的实践。"联系学校"以世界各国共同关心的问题、人权、民主和宽容、跨文化学习、环境保护为主题,通过在学前教育、小学、中学、职业教育和师资培训机构开展大量实验项目,推行国际理解教育,如1994年的世界遗产教育项目、1998年的跨越大西洋奴隶贸易教育项目等。这些项目的开展,使儿童和青少年做好了有效地迎接日益复杂和日益相互依存的世界的准备,也使国际理解和世界和平的理念在越来越多的青少年心中扎下根。

在地区层面上,处于同一个地区的国家通常在语言、宗教和文化等方面有一些共通之处。为了强化这些共有的因素,联合国教科文组织鼓励世界上的每一个地区都制定一个教育行动规划。规划可以包括为国家的合作人员和教师专门召开的区域研讨会和专题研究会、教师和学生的交流及其他活动和项目。比如,21世纪初成立的亚太国际理解教育中心(Asia-Pacific Centre of Education for International Understanding, APCEIU),其使命就是提升亚太地区的国际理解教育水平,建立地区和平文化和共识。2006年起,亚太国际理解教育中心与亚太地区联合国教科文组织成员国合作评选的、具有地方创新性的国际理解教育实践项目——"国际理解教育最佳实践",就是以鼓励该地区教育工作者、学者和实践者更好地实施和分享国际理解教育的地方创新措施。该项目目前已经成为亚太地区分享国际理解教育理论研究和实践探索的重要平台。

(二)强调人类社会共同的价值观念:和平、平等、公正、发展、团结

和平是国际理解教育追求的一种社会状态,它是由多个价值

观念支撑起来的价值体系。其中,平等、公正、团结是其核心的价值观念。

平等意味着不同国家、不同民族文化在国际社会关系中处于同等的地位,具有不可剥夺的生存权,享有相同的发展机会,享有同等的权利;平等意味着每个国家和民族都享有自己所创造的文化成果的权利;平等还意味着每个国家的文化,都是基于他们的历史传统、社会背景创造出来的满足其生存需要的成果。随着社会历史的发展,即便有些文化成果已经不适应社会发展的需要,也要通过该文化主体的文化自觉加以改变或者完善。

公正意味着没有偏私。公正是一种价值判断,内含一定的价值标准,在常规情况下,这一标准由法律固定下来。公正在英文中为"justice",英语中的"jus"本身就有法的意思,公正以"jus"为词根演变而来,也说明了这一点。任何一个社会都会有自己的公正标准,但在国际社会,我们应该探讨出一个国际社会认为公正的标准,而不是把某个国家认为的公正的标准拿来直接使用,除非这个标准是大家普遍达成共识的标准。

团结是由多种情感聚集在一起而产生的一种精神。团结就是各国、各民族的人们搁置分歧,基于人类命运共同体,为了和平的目标,相互配合,促进合作,谋求共赢式的发展。

"任何人类的团结,都源于一整套共同的活动和计划,也源于共同的价值观,而这一切又是共同生活愿望的各个方面的具体体现。随着时间的推移,这些物质的和精神的联系不断相互加强,并在个人和集体的记忆中成为广义的文化遗产,这一遗产又正是人的归属感和休戚与共感情的基础。"[1]

人类发展到今天,人与自然、人与人、人与社会的联系越来越

---

[1] 联合国教科文组织总部中文科.学习——内在的财富:国际21世纪教育委员会向联合国教科文组织提交的报告[M].北京:教育科学出版社,1998:38.

紧密,"共生"已经是一个客观事实。在人类事务中,寻求共生和共济的思维模式、发展模式、交往模式,是人类关系、国际关系、区域关系需要追求的境界和终极关怀的内容。

(三)注重人的发展和人类共同的发展

国际理解教育始终以人文主义教育观作为教育理念。人文主义教育观是以人的和谐发展为目标,希望人的本性、人的尊严、人的潜能在教育过程中得到最大程度的实现和发展。它反对以预设的、人为的、外在的教育目的支配教育,主张以学生自身的发展为目的,强调充分发展人的天性,发展人的个性,发展人的潜能。

国际理解教育一开始便"将促进人权和尊严,消除贫穷,强化可持续性,为所有人建设更美好的未来。教育立足于权利平等和社会正义、尊重文化多样性、促进国际团结和分担责任"[①],作为其价值体系内在的价值观念。

对和平的追求,首先就是对每个生存在世界各国各地的人的生命尊严的尊重。尊重生命、尊重人格尊严的价值观,一直是国际理解教育倡导的核心,因为这是实现社会和谐的必要条件。国际理解教育的行动原则就是在相互理解、尊重差异的基础上,以完全平等的地位与他人或他民族、他文化展开持续而深入的交往,发展同他人交流、分享和合作的能力。它教育公民不仅要尊重本国的文化,还要尊重不同人、不同民族及文化的尊严和差异,旨在培养人们在国家和世界范围内的团结、公正和宽容的感情,构建新的价值观念体系,并将这一普遍认可的价值观念作为交往的共同基础。

---

① 联合国教科文组织.反思教育:向"全球共同利益"的理念转变?[M].北京:教育科学出版社,2017:序言2.

第二节 国际理解教育的发展历程

联合国教科文组织框架下的国际理解教育,聚焦在"世界和平"与"社会发展"两大主题上。联合国教科文组织自1946年第一次提出国际理解教育概念以来,一直密切关注国际形势的发展变化及世界教育发展的趋势,不断提出适合时代发展的国际理解教育的框架、核心观念、实施途径。

一、国际理解教育的初创

(一)国际理解教育初创阶段的理念

国际理解教育初创阶段的时间在1946年至1960年。

1945年,第二次世界大战结束后,世界秩序需要重新建立,国际理解教育便是建立在战后重建教育这一信念基础上的。它坚信教育能够增进各民族、国家间的相互了解和理解,能够在促进国际合作、加强国际团结的过程中维护国际社会的和平。可以说,此时,增进国际理解,建立一个和平的世界是国际理解教育的理念。

随着国际理解教育的实施,人们对国际理解教育的目标与内容、课程与教科书建设、教师素养与教师培训等有了一些原则性的认识,并积极进行国际理解教育实践,推动各国国际理解教育事业的发展。

(二)国际理解教育初创阶段的内容

1947年,联合国教科文组织为了使各国对国际理解教育的价值取向有统一的认识,在巴黎郊区召开了国际研讨会。这次研讨会确定了国际理解教育的核心内容:理解国际重大问题;尊重联合国和国际关系;消除国际冲突的根源;发展对他国的友好印象。以平等、公正、人权、发展、团结等为实施理念,以国际理解、世界和平与社会发展、反对战争为基本价值取向,消除国家、民族和种族的对立、敌视和偏见。

1948年至1954年,联合国教科文组织和国际教育局召集的几次国际教育大会初步涉及了国际理解教育几个方面的内容。

一是明确了国际理解教育的目标。"认为当前教育的主要目的之一,是使儿童和青少年做好准备,能有意识地积极参与建设一个多元的、和平、安全及人人享有更完满生活这一共同目标的世界社会(world society)。"①为了达成这一目标,"应培养学生对世界共同体(world community)的责任感"②。

二是要了解联合国及其专门机构的宗旨和原则等知识。"应客观、准确无误地学习关于联合国及其专门机构的宗旨和原则、结构和功能的知识。无论这些机构有何缺点,应将其视作统一的、发展的系统,将其视作人类为促进国际理解、消除战争灾难、坚持基本人权的信念,发扬正义、保障自由、促进社会进步、提高全人类生活水平而作出的一系列努力的一部分。"③

三是对国际理解教育的实施者——教师的国际理解精神有了具体的要求,并强调要对教师进行有效的培训。培训的途径之一是"相信教师和教育工作者之间的国际交流,是促进不同民族和文化的人民之间加深理解及提高教育标准的最有实际效果的一种方法"④。"教学应以对人的研究为基础,应培养学生的公民意识和责任感……教师应有兴趣、态度、知识和技能来培养学生,使其在班级和家庭,在地区、国家和世界范围内,能够和睦相处、相互宽容、团结协作;培训机构应认识到这个问题同样重要,并通过教学与实践,使教师能培养其学生良好的人际关系和国际理解精神。"⑤

---

① 赵中建.全球教育发展的历史轨迹——联合国教科文组织国际教育大会建议书专集[M].北京:教育科学出版社,2005:72.
②③ 同①,73.
④ 同①,83.
⑤ 同①,117.

四是强调教科书的编写要避免出现矮化其他国家的内容，应尽可能客观地呈现各国的地理、历史、文化。"应尽可能经常地对各国教科书进行复查，……并充实有利于促进国际合作的材料……各国教育部和其他教育当局应运用其影响，鼓励在青年中培养国际理解精神，并对有关以促进世界和平为己任的国际组织的教学提供帮助。"[1]1959年，联合国教科文组织第48号建议《小学教科书的准备、选择和使用》认为"教育和文化是国与国之间密切联系、互相了解的最迅速和最便捷的途径，教科书如教师评议一样能促进人们之间更多的理解"[2]。"为了培养国家之间普遍的兄弟情谊和有效的合作精神，小学教科书应在国际理解方面发挥建设性的作用。因此对所有国家来说，重要的是采取直接或非直接的措施，以确保使各种教科书免受有损于国家间、社会团体间、种族间或宗教间相互理解的任何因素的影响……学校教科书应富于真诚地尊重其他民族的精神，富于国际合作和理解的思想，并应适时地提供更详细的有关其他国家和国际组织之作用的信息。"[3]

五是对一些与国际理解教育密切相关内容的学科提出了教学建议。1949年，国际公共教育大会特别对主权国家框架非常关注的领土等地理教学，以及如何在世界背景中看待地理教学孕育的民族情感等内容，做出了很具体的教学建议。"通过什么样的心理学方法和教学方法，可以消除使儿童认为自己是世界中心的感觉，并增强他们对人类相互依赖和道德团结的意识，可以理解的是，所有的教育都应使爱祖国与理解其他国家相和谐，使爱祖国与世界上的尊重主权相一致，因为所有的国家都应享有平等的权利。"[4]

---

[1] 赵中建.全球教育发展的历史轨迹——联合国教科文组织国际教育大会建议书专集[M].北京：教育科学出版社，2005：73.
[2] 同[1]，188.
[3] 同[1]，192.
[4] 同[1]，76.

这里涉及了国际理解教育的目的、目标、内容、方式、教师培训、教材及教育部的支持等教育的方方面面，是一种点状的、分列式的建议。

同时，联合国教科文组织对国际理解教育的研究基础、教学目标、途径等都做了一些相应的具体说明。1958年，还对国际理解教育的课程大纲及教科书的编制原则提出了积极的建议。

《初等学校课程的准备和发布——指导小学课程大纲准备的原则》指出："在所有国家，初等教育应旨在：a）给儿童以适合其年龄的思想和行动的基本工具，使他们能充分享受作为一个人和一个公民的生活并理解他们所生活的世界；b）不仅传授遗产和文化，而且提供丰富遗产和文化的方法；c）造就自由人，使他们意识到自己的责任，尊重自己和尊重他人，并在国家生活中发挥积极有益的作用……现代教育的主要目的之一是，根据儿童的年龄和发展阶段，指导他们有意识地积极参与家庭、社区和国家生活，参与建设一个更亲密友好的全球社会。这是一个在追求全人类的和平、安全和富有成效的合作等共同的目标上，既多样又统一的全球社会。"[①]

从国际社会历史发展的进程来看，20世纪50年代中后期，苏联及东欧地区的社会主义国家加入了联合国教科文组织，东西方"文化对话"的渠道被打通。但是为对抗欧洲和北美等资本主义国家建立的北大西洋公约组织，1955年以苏联为首的社会主义阵营建立了政治军事同盟——华沙条约组织。这标志着世界两极对立格局的最终形成，也使得国际形势发生极大转折。联合国的很多研究项目，包括国际理解教育计划开始披上冷战的政治色彩。两种意识形态在联合国教科文组织内部的激烈冲突，使联合国教科文组织也无法以一种真正的国际精神促使各国不带偏见地接触和往

[①] 赵中建.全球教育发展的历史轨迹——联合国教科文组织国际教育大会建议书专集[M].北京：教育科学出版社，2005：177.

来。同时，冷战思维也使初创的国际理解教育关注的热点问题发生了转变。此时的国际理解教育关注对冲突性问题的思考。比如，由国家利益与国际利益冲突所引起的如何准确妥当地认识爱国主义和国际主义，成为国际理解教育所面临的重要问题和课题。

二、国际理解教育的推进

国际形势瞬息万变，也使国际理解教育的主题在进一步推进过程中再次发生了变化。

20世纪60年代，有十多个非洲国家获得独立并分别加入了联合国和联合国教科文组织，国际理解教育理念也在更广阔的范围内得到了进一步推广。

非洲的独立运动改变了非洲的面貌，也使世界殖民体系最终瓦解。这对现存的世界秩序和联合国体制来说是一次根本结构的转变。第三世界开始在国际政治舞台上显示出强大的力量，发展成为联合国的焦点议题，而联合国教科文组织资助项目也把解决非洲国家的发展教育问题，如教育公平、扫盲教育、基础教育普及、反对种族主义和种族隔离、语言教育等列入优先资助计划，以促进其经济与社会的发展。

对不同国家、民族的语言学习，是彼此间交流和理解的基础条件，因此，促进对不同国家的语言的学习成为国际理解教育的重要内容。1965年，联合国教科文组织国际教育大会第59号建议《中学的现代外语教学》提出："掌握一门现代外语知识以及使用这门外语的国家的文学、历史、文明和生活方式，非常有利于增进国际理解和民族之间的和谐……现代外语知识加速了科学技术的传播，从而有效地促进了各国的经济和文化发展。"[①]为此，"凡有条件的

[①] 赵中建.全球教育发展的历史轨迹——联合国教科文组织国际教育大会建议书专集[M].北京：教育科学出版社，2005：277.

地方,最好能让学生根据他们的个人兴趣和需要在几种语言中进行选择"①。

1968年,《作为学校课程和生活之组成部分的国际理解教育》提出了与国际理解有关的指导原则。

1.各级教育均应对国际理解有所贡献。

2.教育应帮助人们增进对世界和各国人民的了解,帮助青年人形成以相互欣赏和尊重的精神态度,来观察别的文化、种族和生活方式。教育应明确环境与生活方式和生活标准之间的关系。教育在对不同事物包括对不同的政治、经济和社会体制进行客观评价时,还应介绍存在于世界各国人民的生活和意识中的共同价值观、抱负和需要。

3.教育应表明,人类知识的进步来自世界各国人民的贡献,而且所有的民族文化已经并将继续因受惠于别国文化而丰富。

4.教育应鼓励尊重人权并在日常生活中做到这一点。教育应强调人人平等的观念及《世界人权宣言》中所体现的公正的精神,这要求平等地尊重所有的人,而不考虑其种族、肤色、性别、语言、宗教、政治或其他观点、国籍或社会背景、财产、出生或其他地位等。

5.教育应帮助每个学生建立一种能反对控制他人的尊严感。教育应尽其所能使青年人渴望了解他们国家的及他们所处时代的经济问题和社会问题。此外,教育应客观地向他们指出殖民主义、新殖民主义、种族歧视、种族隔离政策、奴隶制及其他所有侵略形式的危害性。

6.教育应强调每一个国家,不论是大国还是小国,都有平等的权利来决定自己国家的生活,并充分地开发其文化的和物质的可能性。

7.教育应增进国际团结和对世界各国及民族之间相互依存的理解。教育应指出在处理世界问题上国际合作的必要性,应阐明所有的国家,不论它们在政治制度或生活方式上有何不同,都应有义务和

---

① 赵中建.全球教育发展的历史轨迹——联合国教科文组织国际教育大会建议书专集[M].北京:教育科学出版社,2005:278.

兴趣为这一目标而合作。因此,联合国及其相关机构的工作应在学校中受到重视。①

此阶段的联合国教科文组织国际理解教育,一方面集中在某个地区的"发展教育",即通过扫盲提高发展中国家公民的读写能力、扩大基础教育的普及程度、制定教育的政策规划,为促进发展中国家的社会经济发展提供基本的人力资源。另一方面,倡导从国家层面制定教育政策时,注重国际理解教育的布局,注重将国际理解教育纳入各国的基础教育,乃至整个教育体系中;倡导在学校教育体系及实施中要为国际理解教育做出应有的贡献。但这些倡导性理念,因为缺乏制度性和行动框架,往往停留在"建议"或者文件中,还需要继续深入的发展。

三、国际理解教育的转折

国际理解教育的转折时期在1970年至1990年。此时的国际理解教育,已经意识到"世界共同体"的存在,教育目标要从基于民族、国家意识的培养向具有世界意识的公民培养转变。世界意识要求一国公民不仅要有面对本国的观念,还要具有面向世界开放的观念,以及相应的能力和眼界,不仅要履行作为国家一员的义务,还要履行作为世界一员的义务。

以联合国教科文组织在1974年第18届国际教育大会上通过的《关于教育促进国际理解、合作与和平及教育与人权和基本自由相联系的建议》(以下简称"1974年《建议》")为标志,国际理解教育进入了转折时期。

"1974年《建议》"提出了新的国际理解教育的指导原则,强调教育不仅要有国际视野,更要具备国际性的责任感,时刻"准备

---

① 赵中建.全球教育发展的历史轨迹——联合国教科文组织国际教育大会建议书专集[M].北京:教育科学出版社,2005:312—313.

着参与自己所归属的社会、国家和全球种种问题的解决"①的行动。这个建议虽然没有出现行动纲领的字眼,但已经在强烈地要求国际理解教育要付诸行动,要建立普遍价值引领各国参与到国际理解教育的行动中来。

"1974年《建议》"中的国际理解教育内容已经超越了过去以国家和平和国际合作为主题的内容,确立了更为广阔的世界共同面临的主题,如人口教育、多元文化教育、自然资源与环境教育等,为后来的国际理解教育提供了广泛的主题。在解决共同问题的思路下,倡导世界团结就有了现实的基础,同时也为以后的国际理解教育初步拟定了行动框架,提出了具体的实施方案。例如,它指出教师职前职后教育、教材开发、校内外教育结合、成人教育等在实施国际理解教育上的重要意义;强调积极参与"联合学校计划"和国际交流与合作活动的重要性;倡导在历史、地理教学中开展跨文化的研讨与活动。

其实,在1972年,国际教育发展委员会主席埃德加·富尔向联合国教科文组织总干事勒内·马厄呈送了被誉为当代教育思想发展中具有里程碑意义的报告《学会生存——教育世界的今天和明天》,提出已经意识到"国际共同体"已经初见规模。该报告指出,"在各个不同的国家和文化中,在各种不同的政治选择和发展程度上,存在着一个国际共同体,这个国际共同体反映出各国共同的抱负、问题和倾向,反映出它们走向同一目的的行动。其必然的结果则是各国政府和各个民族之间的基本团结,虽然它们也有一些暂时的分歧和冲突"②。也就是说,各国已经意识到人类存在于一个国际共同体中,与传统社会相比,各国面临越来越多的共同问题,

---

① 钟启泉.对话教育:国际视野与本土行动[M].上海:华东师范大学出版社,2006:22.
② 联合国教科文组织国际教育发展委员会.学会生存——教育世界的今天和明天[M].北京:教育科学出版社,1996:2.

这些共同问题有赖于各国团结起来，并积极地采取非暴力的方式协调与解决，这样才能促进世界和平。和平的世界是人类美好的、安定的、有质量的生活基础。

20世纪70—90年代是冷战时期的最后20年。在此期间，联合国教科文组织顺应时代潮流及人们对教育本质的新认识，开始积极关注并促进发展中国家对教育的需求；反思旧体制下脱离时代需求、落后时代发展、缺少前瞻性等问题；认为精英教育与现代社会民主理念和大众化教育需求格格不入，多数基础教育还未得到保障，不能实现教育的公平，这违背了教育发展的基本宗旨；西方主导式的教育体制严重阻碍新兴的第三世界国家形成丰富多彩的与本民族文化相适应的教育模式。加之国际形势的复杂多变，民族、文化差异的存在，宗教派别的争端，经济发展差距的加大，使得战争的潜在风险长期存在。在这样的情况下，联合国教科文组织倡导的国际理解教育更加注重积极行动，且行动必须遵循一些共同的价值理念，才有可能步调一致。

四、国际理解教育的深入发展

国际理解教育的深入发展，是从以主权国家为分析视角的"和平教育"向以"全球—人类"为分析视角的"全球视野培养"转变为标志的，由此，国际理解教育的内容也随之有了极大的拓展。

（一）**国际理解教育的新目标：为了和平、人权和民主**

以1990年世界全民教育大会颁布的《世界全民教育宣言》和1994年联合国教科文组织第44届国际教育大会上颁布的《为和平、人权和民主的教育之综合行动纲领》（以下简称《行动纲领》）为标志，以建设和平文化为中心，树立尊重基本人权、维护文化民主等价值观念，国际理解教育进入了一个新的发展阶段。

"苏东剧变"结束了东西冷战局面，国际理解教育也迈上了新的台阶。与此同时，随着全球一体化进程的加快和国际交流的日益频繁，国际教育大会提出了一个新的目标，即以所有各种文化都认同的共同价值观为基础的和平文化来代替战争文化[1]。这从《国际理解教育的总结与展望宣言》（以下简称《宣言》）和《为和平人权和民主的教科综合行动纲领草案》（以下简称《行动纲领》）中以建设"和平文化"为中心内容就能反映出来。实质上，这两个文件既是联合国教科文组织对国际理解教育倡导的理念的总结，也是在当代国际形势变化与发展的背景下，为各国开展国际理解教育提供的行动指南。

（二）本阶段国际理解教育的具体内容

1994年，联合国教科文组织第44届国际教育大会发布的《宣言》特别关注"暴力、种族歧视、仇外情绪、寻衅的民族主义以及违反人权的现象，关注宗教的不宽容和以各种形式出现的恐怖主义，并关注日益扩大的富国与穷国之间的差距，而这些现象正威胁着各国和国际的和平与民主的巩固，而且还阻碍着发展"[2]，国际理解教育更应该关注几个问题：一是教育政策的制定"必须有助于增进个人之间及种族、社会、文化和宗教群体和主权国家之间的理解、团结和宽容"[3]，"教育应该促进有助于尊重人权和积极承担维护这类权利，并有助于建设一种和平与民主之文化的知识、价值观、态度和技能等"[4]，并要"采取适当步骤以期在教育机构中营造一种有助于国际理解的教育成功的氛围，并使教育机构成为实践宽容、尊重人权、实行民主、学习文化特性的多样性和丰富性的理想场所"[5]，"鼓励制定革新性策略以适应培养致力于和平、

---

[1] 赵中建.教育的使命——面向二十一世纪的教育宣言和行动纲领[M].北京：教育科学出版社，1996：184.
[2] 赵中建.全球教育发展的历史轨迹——联合国教科文组织国际教育大会建议书专集[M].北京：教育科学出版社，2005：450.
[3] 同②，450—451.
[4][5] 同②，451.

人权、民主和可持续发展的有责任感的公民的挑战"[1]。二是必须以和平、人权、民主"三元结构"为基础，发展每个人的普遍价值感，并促进青少年在日常生活中形成各种与普遍价值相配的行为方式。三是教育必须发展尊重自由的能力和面对挑战的技能。这意味着公民要做好准备以应付变化莫测的形势和发展的困难，并能够独立自主和承担责任，意识到个人的职责必须同确认公民义务的价值相联系，同确认与他人一起解决问题并共同建设一个公正、和平和民主的社会相结合。

国际21世纪教育委员会的主席雅克·德洛尔向联合国教科文组织提交了报告《学习——内在的财富》（又被译为《教育——财富蕴藏其中》）。该报告提出了两个重要概念上的教育构想：终身学习，以及学习的四大支柱——学会求知、学会做事、学会共处、学会生存。其中，学会共处，就是在接受人类文化多样性的基础上，人类彼此相互依赖，注重增进对他人及其所在国家或民族的历史、传统和精神的理解，找寻可以为共同目标而努力做的事，促使人们用智慧与和平的方式来处理不可避免的冲突。

（三）跨世纪的国际理解教育：学会共生与可持续发展

自2005年《塑造明天的教育——联合国可持续发展教育十年计划》颁布至今，国际理解教育一直以关注人类共同命运、促进世界可持续发展为其理念。

人类进入21世纪，经济全球化趋势加速发展，互联网已经扩及世界各地，信息技术也得到广泛应用，世界各国在经济、政治、社会、文化等方面相互渗透、相互依存日益加深，共同利益也不断增加。与此同时，贫富差距悬殊、生态环境破坏、毒品泛滥、国际恐怖主义愈演愈烈、移民（难民）潮、民族分裂主义活动正在严重阻

---

[1] 赵中建.全球教育发展的历史轨迹——联合国教科文组织国际教育大会建议书专集[M].北京：教育科学出版社，2005：451—452.

碍着世界和平与国际社会的持续发展。在这样的背景下，由国际21世纪教育委员会提出的学会共同生活，已经成为世界各地区的需要，也成为国际理解教育的重大课题。

2001年，《国际教育大会第46届会议达成的结论和行动建议》中指出，会议达成的目标是"提高学会共存的教育质量中所存在的问题及其解决办法之前景，深化和加强在教育政策层面上的对话"[1]。2004年，《提高所有青年的教育质量之优先行动事项》中强调：教育要"帮助青年人应对越来越复杂的世界，这个世界尤其以如下现象为特征：以人为本的全球化的挑战、作为生产与发展之要素的信息和知识的重要作用、日益增长的人口流动、许多社会群体的社会边缘化及国家内部和国家之间的不平等和贫困现象的日益加剧……确保所有青年人获得个人自主和公民权利的能力，以使他们能融入劳动世界和社会生活，尊重自己的个性并对整个世界及社会与文化的多样性抱有开放的心态……通过积极的和负责任的公民意识的教育，增强共存的和建设世界和平的意识和能力，因为国家之间和国家内部的武装冲突及各种形式的暴力和战争已经成为这个世界的特征"[2]。

以上文件的目的，有站在世界角度的，也有站在每个个人终身发展角度的；有针对学校的，有针对教师的，也有针对学生的。它们都有各自的使命，也都反映出了这些机构的共同追求，都是为了能够让学生成为全球公民。此时的国际理解教育的培养目标，以全球—人类整体的利益为出发点，跳出了以民族、国家利益为出发点的思维框架，着眼于全球的共同利益，以培养全球公民为旨归，致力于向"全球共同利益"的理念转变。

总之，联合国教科文组织从成立之日起就致力于倡导和推动

---

[1] 赵中建.全球教育发展的历史轨迹——联合国教科文组织国际教育大会建议书专集[M].北京：教育科学出版社，2005：478.
[2] 同[1]，484.

国际理解教育。国际理解教育也从一种教育理念转变为各国的教育实践。伴随着国际政治的风云变幻，从最初为了世界和平与国际社会的发展，以平等尊重为基础促进不同国家和文化的相互理解，逐步演变为今天包括人权、民主、基本自由、资源和环境保护、尊重物种和文化多样性、全球化背景下的世界相互依存、可持续发展等在内的、以学会生存和学会共处为标志的极其丰富的国际理解教育。相信在可以预测的未来，国际理解教育也必将随着国际社会的新变化，拓展其内容，为世界和平与发展做出更大的贡献。

第三节 我国的国际理解教育

我国的国际理解教育是伴随着改革开放兴起的。在全球化日益深入，世界各国之间联系和交往日益频繁的背景下，为适应中国以及国际社会的新变化，国际理解教育也越来越多地受到有远见的教育工作者的重视，他们在理论和实践上对国际理解教育进行了积极的探索。

一、政策层面的国际理解教育

改革开放以来，我国经济迅速发展，与此同时，全球化浪潮席卷全世界，中外交流与合作日益增多，这都对人才的整体素质提出了新的要求。教育要适应社会发展的新变革，适时提出相应的教育政策，以更好地为培养现代社会需要的人才。

（一）"三个面向"：教育的发展方向

改革开放初期，根据当时所处的新的历史条件及中国的国情，从党的总路线总任务出发，为适应世界新的技术革命的发展趋势，1983年10月1日，邓小平同志为北京景山学校题词"教育要面向现代化，面向世界，面向未来"，这一题词对中国教育发展而言具有思想解放的意义。"三个面向"是一个既互相联系又各有侧重的统一整体，其中，教育面向现代化是基础，是核心。它要求贯彻教育为社会主义现代化建设服务的方针，把实现现代化作为教育改革的目标，使教育适应经济和社会发展的需要。从这个基本点出发，教育必须不断改革和发展，必须博采众长，了解和吸收世界先进的科学技术和教育经验，必须及时预测和研究未来社会的发展，把握世界教育发展的趋势，从而使中国的教育能自立于世界教育之林，使我们的子孙后代能凭借其整体的优良素质主动参与日益激烈的国际竞争。

1993年，《中国教育改革和发展纲要》针对中国扩大教育的对外开放所带来的出国留学、回国安置、接收国外留学生带来的多种问题，本着"支持留学，鼓励回国，来去自由"的方针，"继续扩大派遣留学生""改革来华留学生的招生和管理办法""大力加强对外汉语教学工作"①，制定了相关的政策，为中国与世界的双向理解和交流做了政策性安排。

（二）"扩大教育开放"：对外交流需要国际理解

进入21世纪，在政府文件中正式出现"国际理解教育"是2010年颁布的《国家中长期教育改革和发展规划纲要（2010—2020年）》。该纲要在序言中对教育的重要性有着清晰的表达："当今世界正处在大发展大变革大调整时期。世界多极化、经济全球化深入发展，科技进步日新月异，人才竞争日趋激烈。我国正处在改革发展的关键阶段，经济建设、政治建设、文化建设、社会建设以及生态文明建设全面推进，工业化、信息化、城镇化、市场化、国际化深入发展，人口、资源、环境压力日益加大，经济发展方式加快转变，都凸显了提高国民素质、培养创新人才的重要性和紧迫性。中国未来发展、中华民族伟大复兴，关键靠人才，基础在教育。"在第十六章"扩大教育开放"中，要求"加强国际交流与合作。坚持以开放促

---

① 中国教育改革和发展纲要［EB/OL］（1993-02-13）. http://www.moe.gov.cn/jyb_sjzl/moe_177/tnull_2484.html.

改革、促发展。开展多层次、宽领域的教育交流与合作,提高我国教育国际化水平。借鉴国际上先进的教育理念和教育经验,促进我国教育改革发展,提升我国教育的国际地位、影响力和竞争力"。第一次提出了"国际化人才"的培养目标是"培养大批具有国际视野、通晓国际规则、能够参与国际事务和国际竞争的国际化人才"。同时在"提高交流合作水平"中,又明确指出"加强中小学、职业学校对外交流与合作。加强国际理解教育,推动跨文化交流,增进学生对不同国家、不同文化的认识和理解"[1]。这些规划都是对全球化时代国家经济社会发展需要的回应。

在中央政府宏观政策的导向下,地方政府积极跟进相关政策。2010年,上海市政府制定了《上海市中长期教育改革和发展规划纲要(2010—2020年)》,在"(十)教育国际化"中指出"让学生具备国际交流、理解、合作、竞争能力",要"积极引进、消化国外先进课程资源,加强国际理解教育,培养具有国际视野、知晓国际规则并能参与国际交流的国际化人才。在基础教育阶段设立若干所中外学生融合的学校,研究开发国际理解教育课程和形式多样的活动,促进中外学生的文化认识和交流理解","扩大高中学生国际交流的规模和渠道,拓展高中学生的国际视野","鼓励高校学生赴海外游学、实习和志愿服务。加强双语教学,发展多种语言教育,普遍提升各级各类学校学生的国际语言交流能力"[2]。同时,上海市浦东新区教委还制定了《中小学国际理解教育课程实施方案》。2017年,江苏省苏州市政府印发《关于深入推进中小学国际理解教育的实施意见》,指出国际理解教育的重要意义是"国际理解教育是在全球化背景下,以'国际理解'为教育理念而开展的教育活动,旨在

---

[1] 国家中长期教育改革和发展规划纲要(2010—2020年)[EB/OL](2010-07-29). http://www.moe.gov.cn/srcsite/A01/s7048/201007/t20100729_171904.html.
[2] 上海市中长期教育改革和发展规划纲要(2010—2020年)[EB/OL](2010-09-13). https://www.shanghai.gov.cn/nw12344/20200814/0001-12344_23338.html.

培养青少年在民族认同的基础上尊重他人、理解世界多元文化,学会共处与合作,具有国际责任感和全球意识。加强国际理解教育,既是适应经济全球化,服务国家'一带一路'发展倡议,加快城市国际化进程的客观要求,也是推进苏州教育对外开放,提升学校办学品质,深化课程教学改革,发展学生核心素养,培养具有国际视野、通晓国际规则、能够参与国际事务和国际竞争的国际化人才的必然选择"①。其他地区,如山东淄博、江苏常州、广东东莞、四川成都、深圳宝安区、成都武侯区、天津市教育委员会等,都对国际理解教育的实施做了相应的部署。

此时期我国的国际理解教育政策是基于增强民族自豪感,适应全球化的要求、扩大教育开放与合作的需要视角下提出的。应该说,我国各地区各学段的国际理解教育的春天到来了,但对国际理解教育还停留在"国际出访""国际旅游",加强外语学习,以及对不同国家文化的表层了解阶段。

(三)"国际理解":新时期中国学生的素养追求之一

2014年3月,教育部《关于全面深化课程改革落实立德树人根本任务的意见》(以下简称《意见》)中,首次出现了学生"核心素养"的培育要求。"核心素养"被置于深化课程改革、落实十八大立德树人根本任务的首要位置,成为研制学业质量标准、修订课程方案和课程标准的重要依据。在该《意见》中,核心素养的内涵界定为,"学生应具备的适应终身发展和社会发展需要的必备品格和关键能力"②。

---

① 关于深入推进中小学国际理解教育的实施意见[EB/OL](2017-05-11). http://www.suzhou.gov.cn/szsrmzf/bdwglywwjq/201705/e2b7b3c9686242ff99fd031e36f1db75.shtml.

② 教育部关于全面深化课程改革落实立德树人根本任务的意见[EB/OL](2014-04-08). http://www.moe.gov.cn/srcsite/A26/jcj_kcjcgh/201404/t20140408_167226.html.

2016年9月,《中国学生发展核心素养》总体框架正式发布。它以培养"全面发展的人"为核心,具体分文化基础、自主发展、社会参与三个方面,凝练出人文底蕴、科学精神、学会学习、健康生活、责任担当、实践创新六大素养。"国际理解"被归入"社会参与"的"责任担当"素养中。在这个核心素养体系下,"国际理解"要素的规定是:具有全球意识和开放的心态,了解人类文明进程和世界发展动态;能尊重世界多元文化的多样性和差异性,积极参与跨文化交流;关注人类面临的全球性挑战,理解人类命运共同体的内涵与价值等。① 此时,对"国际理解"素养的认识,已经跳出教育国际化的语境,开始关注"人"的发展。"立德树人"中的"人"是面向未来的全面发展的人。此时的"人",不仅是个体的人、国家和社会中的人,还是世界中的人,是未来世界需要的人。在全球化背景下,关注人类命运共同体,培育在价值多元、文化多样的复杂世界中的共生能力,已经是21世纪全面发展的人的一个基础性素养。

在持续而深入的对外开放、推进"一带一路"倡议、构建人类命运共同体的背景下,我国从学习和引进先进技术为主的阶段转变为科学技术创新性发展阶段,开始更多地参与国际事务,与其他国家进行友好竞争与合作,实现优势互补互利共赢。理解是合作与竞争的基础,因此,在一个充满国际竞争与合作的时代,需要培育具备国际视野、国际理解素养、尊重差异且具备文化自信的本土化的社会主义建设者和接班人。国际理解教育已经在国家宏观层面和省(自治区、直辖市)等中观层面上给予了相当的重视。当然,这些政策的落实,还有待国际理解教育在理论研究与实践探索方面不断努力。

---

① 核心素养研究课题组. 中国学生发展核心素养[J]. 中国教育学刊, 2016(10): 1—3.

二、教育研究中的国际理解教育

(一)国际理解教育:从重要性到实践性研究

1.学习、介绍别国经验

随着政策层面对国际理解教育的关注,学者对国际理解教育的研究也悄然兴起。截至2021年11月,以中国知网"中国学术期刊网络出版总库"为平台,以"国际理解教育"为主题进行精确匹配,共获得学术期刊文献六百多篇,学位论文一百多篇。其中,2000年以前的文献,以介绍联合国教科文组织召开有关国际理解教育大会的介绍、其他国家的国际理解教育的动态为主,其中以介绍日本国际理解教育居多。从内容来看,这个时期还主要是对国际理解教育的重要性、缘起等的学习性研究。

朱永新1994年发表的《迈向21世纪的国际理解教育》就介绍了1993年12月16日至18日在苏州大学举行的国际教育学研究大会。这次大会研究的主题是"迈向新世纪的国际理解教育"。与会者普遍认为,"国际理解教育是一个跨世纪的教育难题"[①]。因为人类面临的挑战已远远超出了个人乃至一个国家的范围,如大气变化、耕地减少、动植物物种的绝灭、森林被毁、战争、文化摩擦等全球性问题,都严重威胁着人类的生存。要解决上述问题,就必须具有全球合作精神,推进国际化的教育,因为人类特有的传承文化的途径就是教育。全球化的教育要求一个国家和民族必须从全人类利益、全球观点出发考虑问题,要把教育提高到比任何时候都要高的水平,培养的人才不仅要成为自己国家的建设者和接班人,还要成为适应国际化潮流的开放性人才。

2.国际理解教育的本土化

进入21世纪,陆续有学者意识到在我国进行国际理解教育的

---

①朱永新.迈向21世纪的国际理解教育——国际教育学研究大会苏州会议纪要[J].比较教育研究,1994(3):53.

迫切性和重要性。2001年4月，上海师范大学教育科学学院的施永达认为："国际理解教育是当今世界教育的一个热门课题……中国的改革开放和即将加入WTO，都使得中国越来越成为世界体系中的重要部分。同时与世界教育接轨，培养具有国际理解精神的国际化人才，也是我国教育迫切需要研究的课题。"[①]2001年12月，北京教育学院李晶教授发表《对北京市开展"国际理解教育"的建议》、肖玉柱发表《国际理解教育与小学语文教学》、马丽发表《外语教学中的国际理解教育》，开始探索国际理解教育在一个地区学科教学的实施方式等。此后，我国一些师范院校和教师培训院校开始关注国际理解教育的研究，2003年华东师范大学陈洁完成硕士学位论文《国际理解教育研究》，2004年中央民族大学刘洪文完成硕士学位论文《全球化背景下我国中小学国际理解教育研究》，他们认为，国际理解教育是未来教育的一个重要内容，未来的人才培养的规格必须要有国际理解的能力。随后，各学科教育中如何体现国际理解教育的研究也随之展开。

2016年，我国学生发展核心素养已经将国际理解纳入其中，对国际理解教育如何开展的研究也更加深入。

（二）国际理解教育研究

1.以课题研究为先导

国际理解教育的基本理论研究是开展国际理解教育的前提条件。为什么提出国际理解教育？国际理解教育的理念、教育目标、教育内容等，都属于其理论研究的重要内容。研究者基于自己研究的课题、兴趣、实践等，确定自己研究的视角。早在2001年，北京教育学院就基于北京市的发展定位以及学院自身的使命感，确定了院级重点课题"国际理解教育理论与实践研究"；后来又先后申

[①] 施永达.国际化与国际理解教育[J].上海师范大学学报（哲学社会科学·教育版），2001(2)：26.

请了北京市教育规划办的系列课题，如"奥运背景下的国际意识行动研究（2007年）""首都国际化进程中国际理解教育的价值及策略研究（2011年）""北京市中小学国际理解教育学生学习评价体系研究（2016年）"；中国联合国教科文组织全国委员会的子课题"国际理解视域下的世界遗产教育（2010年）""国际理解教育教师能力建设的国别比较和实施策略研究（2013年）"。这些课题研究从各个层面对国际理解教育的本土建构和实际推广，起到了积极的推动作用。

2.国际理解教育的研究内容异彩纷呈

南京师范大学教育科学学院张蓉教授等根据中国知网的文献分析，把已有的国际理解教育的研究成果划分为六大类：全球公民教育及世界公民教育、国际化教育、国际理解教育理论构建、国际理解教育实践探索、国际理解教育案例、国际理解教育译文，[①] 这六大类目下又包括多个小的主题。这些探索都为中国开展国际理解教育理论和实践研究提供了诸多借鉴和启示。

（三）课程建设及教材编写框架研究

1.国际理解教育的课程建设

在基础教育中，比较早开设国际理解课程的是有对外交流背景的学校。比如，北京市朝阳区接收各国外交官员子女入学的芳草地国际学校、上海福山外国语小学等。该课程也成为这些学校的特色课程，在国家三级课程中都有所体现。

伴随着改革开放的深入和教育政策的倡导，越来越多的学校把国际理解教育课程纳入了自己学校的整个课程体系，其中以校本课程开设国际理解教育的情形居多。

在课程建设方面，由于各学校重视的程度、师资力量差异较

---

① 张蓉，龚灵.我国国际理解教育研究回顾与反思——基于中国知网（CNKI）的文献分析[J].教育与教学研究，2020（5）：54.

大,课程建设的水平也有很大差异。

2.国际理解教材建设

教材是学生学习的主要材料,是教师进行教学的主要依据,在学科教材中融入国际理解教育理念,可以使学生在更加系统化和规范化地获取知识的同时接受国际理解教育。

北京教育学院是一所专门培训北京中小学教师的成人高等院校,从1999年开始研究探索如何在北京市中小学实施国际理解教育,并以学校课题、北京市教育规划课题作为先期的研究基础。从2004年开始,依据联合国教科文组织的倡导,主持开发了国际理解教育的教材编写框架(见表1-1)。

表1-1 不同年级国际理解教育的核心概念、
能力目标与情感态度主题

学段	核心概念 情感主题 能力目标	年级	主题	分册	内容主题	情感态度主题	能力目标
小学	文化差异性 文化民主 国际交往能力	四	多元文化	上	文化多样性的表现	文化理解	理解异域文化,从不同文化的角度换位思考
				下	文化多样性的原因	文化宽容	从适应性角度理解文化差异性
		五	国际交往	上	尊重与交往	平等,尊重	与不同观点的人、不同国家的人平等交流,向外国人介绍中国
				下	生命诚可贵	热爱生命,反对暴力,尊重生命	发现生命之美,把尊重和珍惜生命作为人际交往的最高原则

续表

学段	核心概念 情感主题 能力目标	年级	主题	分册	内容主题	情感态度 主题	能力目标
初中	文化统一性 和平文化 国际合作能力	七	文化统一性	上	人类文化充满共通因素	人类本是一家人，我们的相同远远大于差异	在差异性文化中寻找人类文明相通的因素
				下	战争与和平	反对战争，热爱和平	以和平的方式解决分歧和冲突
		八	国际合作	上	国际组织与公约	世界需要共享文明和规则，追求社会公正	与他人共建规则并在规则约束下竞争与合作
				下	全球问题及对策	人类责任感和世界公民意识	从历史的、制度的和大文化的角度分析国际问题

此后，北京教育学院组织力量开始进行北京市地方教材《国际理解》的编写。2009年，北京教育出版社出版了小学四年级上下册、五年级上下册，初中七年级上下册、八年级上下册共8本《国际理解》地方教材。

北京教育学院在教材的编写上，第一，关注民族意识与全球视野的有机结合。中国传统文化"和为贵"的和平主义诉求、"天人合一"的自然哲学与国际理解教育中的环境观念、生态观念及可持续发展观念不谋而合。第二，在教学目的上强调学生的情感塑造和观念养成。无论是现实的还是历史的悲剧都源自人心，而改变人心的关键就是重新塑造人的观念和情感。第三，在教材内容的选取上坚持以教学对象的已有知识积累和理解能力为基础。国际理解的最终目的是在全球范围内建立一种基于国家和民族间理解和尊重的和平文化，但这种文化的建立必须从国家和民族内部成员之间的相互理解和尊重开始,必须从我们的日常生活中开始。第四,紧紧围绕理念性原则和概念、主题组织材料,按照循序渐进的原则不断深化主题。严格明确地把课程的理念性原则确定为和平文化,并在和平文化之下设置若干个子概念,在每一个子概念下设置若干个主题。同时,紧紧围绕原则、概念和主题组织材料。第五,教材内容导入以现实世界实际发生的情境创设和问题设置为主。第六,教师和学生使用教材时力求将弹性和开放性相结合。教材的弹性体现在教材内容只是建立核心观念的载体,教师在使用教材时,不受顺序和时间的限制,可自由选择学生的学习内容和活动内容。开放性是国际理解教育的突出特点。教材对多数问题的思考和解决方法都不是唯一的,在解决问题的方法中渗透了运筹、优选、权衡的思想。第七,教材体例设计力求突出新颖性和趣味性。

上海福山外国语小学在2006年正式出版了校本教材《国际理解教育小学生读本》。其主要特点是由任课教师以课题的名义开发国际理解教育的课程模块,根据不同的主题设置相应的专题活动,促使学生在互动中达到国际理解目的。

2013年5月10日,成都市武侯区教育局汇编的"武侯区国际理解教育系列丛书"正式对外发布。该套丛书以全民终身教育为主线,涵盖学前教育、义务教育、高中教育、中等职业教育、社区教育和外籍人士教育,包括《认识地球村》《走遍地球村》《理解地球村》《敞开怀抱融入世界》《国际礼仪文化》《英语沟通世界》《家在蓉城》《乐在武侯》等8册读本。

三、基础教育实施中的国际理解教育

(一)教学实施中的国际理解教育

20世纪末,伴随着改革开放的不断扩大,我国教育开放的力度不断增强。对外交流的现实需要,使得国际理解教育理念逐渐进入基础教育工作者乃至大众的视野。

国际理解教育最早的实践者大多来自沿海那些开放程度比较高、能比较频繁地接触和参与国际交流的大中城市的外国语学校，以及一些教育研究部门。

创建于1987年的上海福山外国语小学，在20世纪末就开始关注国际理解教育，尝试国际理解教育的实践。该学校比较早地意识到英语语言的学习不仅要从工具性、实用性的角度培养学生应用语言的能力，还要培养学生与不同国家、民族之间的相互了解、相互学习的态度。所以，该学校通过双语教学、"福山外语节"、主题活动（比如美国游学）、专门课程等，开展国际理解教育，以增进学生理解并尊重世界与生活在这个世界上的人，培养学生成为具有全球意识、国际视野的中国人，并历时七年正式出版了全国第一套小学生国际理解教育读本。2009年12月，该学校成立了国际理解教育研究中心。

北京接收驻华使馆人员子女和外籍及港澳台学生就学的芳草地国际学校，也因为学校特殊的需求，比较早地进行了国际理解教育研究和实践。进入21世纪，学校以"培养具有中国情怀、国际视野的芳草学子"为育人目标，把建设以国际理解教育为核心理念的课程体系作为学校的重点工作，积极开展国际理解教育。2005年是该校的"国际理解教育科研年"，全体教师都参与了国际理解教育的研究与实践。2006年10月，该校承办了首届北京市国际理解教育论坛。2007年，该校成立了北京市教育学会国际理解教育研究分会。目前，该校形成了以本学校的特色课程为基础的国际理解教育的实践课程体系。

北京十一学校的"橄榄枝"学生社团以增进不同国家、民族的文化理解为主题，进行多种文化的了解与理解。该校还利用国际学生的特点，协同国际学生一起解决因不同文化引发的冲突和问题，以增进对不同国家及民族的文化理解。同时，积极探索国际理解教育的新方式，为中、日、韩三国编写的《国际理解》教材提供了很多优质课例。

深圳市罗湖外语学校在深圳率先对国际理解教育进行了多角度全方位的探索和实践。该校在实施国际理解教育的过程中高度重视课程建设，开设了丰富多彩的活动性课程，成立了具有中西方文化特色的各类社团，并与欧美、大洋洲的四个国家的中学建立了密切的友好关系，开展对外交流，组织互访互学。

一些大中城市借助在当地召开的大型国际会议或者赛事，以多种方式开展了国际理解教育，这一活动的特点是全民参与。比如，北京各界人士以及政府组织、各级教育（包括私立学校）机构等，借2008年北京奥运会的东风，开展外语学习、礼仪教育、不同文化的了解等；北京中小学也以多种方式开展国际理解教育，如知识竞赛、志愿者服务、火炬传递、奥林匹克精神的传播等。上海市教委借助2010年世界博览会，制定了国际理解教育的实施方案。

国际理解教育课程的实施方式灵活多样，大致可总结为七类：学科渗透、社团课程、综合实践、专题学习、主题统整、互访交流、校本课程。

（二）国际理解教育的师资培训

一般来说，教师培训更加注重学科的专业培训。国际理解教育不是专有学科涵盖的内容，因此，还未进入教师专业培训的视野。只有少数省市区县专门开展过国际理解教育的师资培训。比如说，北京教育学院作为北京市专门的学前及基础教育师资培训机构，在为本科学生开设"国际理解教育概论"课的基础上，于2008年开发了北京市中小学国际理解教育教师培训项目。培训采取区域推进和跨区联合组班的形式，遵循开拓性、主体性、针对性和应用性原则，广泛聘请国内外专家教授，设计丰富多样的研修活动；同时，综合运用专家讲座、教材研读、课堂观摩、课例研讨、课题研究、拓展体验、与外国留学生座谈、人文景观考察等培训方式。北京教育学院还与北京市的一些区域教研部门及学校校本培训相结合，专门培养在区域、学校能够胜任国际理解教育的教师队伍。除此之外，该学院还选派教师赴天津、武汉、南京、昆明、大理等地对当地的中小学校长和教师开展国际理解和生活价值教育专题培训，为北京市及各省市中小学实施国际理解教育培训了一批骨干师资。但是，这些局部的点状培训，还远远不能满足我们当今培养国际理解素养人才的师资要求。

从我国基础教育目前的国际理解教育的实施来看，进一步完善和推进国际理解课程还有一些现实问题，如用"国际了解"代替"国际理解"，国际理解教育还未形成完善的框架，等等。

第二章　理解的哲思

随着全球一体化进程的深入,国与国间日益密切的政治、经济、文化交流与合作成为国际理解教育受到重视的现实背景。然而,如果想让国际理解教育发挥其应有的作用,可能需要回答两个不同层次的理论问题。一是从哲学层面揭示理解如何可能,这是国际理解教育的基础性问题。如果理解根本就不可能,国际理解教育也就会成为空中楼阁。二是从人类学和心理学层面揭示跨文化理解如何可能。对这个问题的回答,为国际理解教育跨文化理解教育的开展奠定了基础。

第一节　理解如何可能

理解,是国际理解教育的关键性概念。理解应该是属于人的现象,是人类特有的精神活动。理解的实质是什么?理解是怎样得以实现的?如果不能很好地解决这些问题,我们的国际理解教育就会缺乏理论的根基,在实践中也会很难把握操作路径。

在日常生活中,理解作为一种领会、了解、把握或懂得的意思,得到相当普遍的应用。比如我们可以说对某一物质的理解,如"我理解了为什么春暖花就开","我理解了自由落体运动的计算方法";也可以说对我们自己或者他人内心世界的理解,如"我知道我为什么选择这样做"或"我怎么也不理解他为什么那样做事"。这两种认知方式差别很大。前者是把对象（即客体）当成外在于"我"的对象来看待，即从认识论的角度来看待理解。后者是把"我"当成理解的对象，是对"主体"的理解进行的理解，即针对人的精神世界的理解。通过区分两者不同的认知方式，我们能够进一步感受到对人的精神世界的理解是一个异常复杂的工程。它不仅涉及对象当下的时空状态，还涉及对象的历史的时空状态。在哲学上，对这一问题的充分研究和阐释，属于哲学解释学的任务。

一、说明：一种对自然的认识方式

（一）人类对外部世界的认知

人为什么要认识外部世界？一是出于人对世界的好奇心。比如天上的星星为什么"挂"在那里？动植物是怎样过冬的？人为什么会生病？这些都是生活在现实社会中的人的好奇心使然。二是要解决生活中的现实问题。比如，人要活着，怎样解决自己的衣食住行？怎样建造房子才能更安全更稳固？人不满足于自然界提供的现成的物质条件，不满足于茹毛饮血的原始状态，所以，人以自己的创造活动改造外部世界，以不断满足自身的需要，提高生活的品质。而人改造外部世界的活动，必须以正确认识外部世界为前提，只有正确把握了客观世界的规律，人才能利用这些规律创造出更多更好的物质条件，以满足人类的物质和精神需求。因此，客观世界是人类生存所需要认识的对象，而认识的目的是把握客观世界的规律，以使人更好地生活。

（二）客观世界的特点

外在于我们人类的客观世界有以下几个特点。

客观世界是"自在"的存在，是我们生存于其中的物质世界，是不以人类的主观意志为转移的客观存在；它受客观的物质规律的支配，按照其固有的节律运行着。客观世界不是人类的创造物，也不是任何一种神秘人格的创造物，它是纯粹自然的存在、自在的存在。

客观世界没有意识和目的。意识是人类特有的精神现象，具有目的性、计划性、能动性等特征。和人类的大部分行为都有目的和动机不同，客观世界没有目的，也不存在深层的动机，客观世界的运行只受客观规律的支配，是盲目的自然力在起支配作用。

客观世界的所有物质虽然有自身演变过程，但这是自然的"历史""过程"，不具有目的性、自觉意识的特性。所以，我们经常说，自然界离开人，其本身没有历史。

客观世界这样的特征意味着无论是否有人参与，世界都是客观存在的，不以人的意愿、好恶等主观意志为转移，可以不通过认识主体而存在。

（三）说明：用普遍性理论解释自然

人类对外部世界的认识主要是通过自然科学研究实现的。人类通过持续地观察自然现象，归纳形成某些猜测性的科学假说，然后把这些假说的推论付诸科学实验进行严格的检验，最终获得越来越符合自然现象或者越来越能合理地解释自然现象的科学理论。

这种研究其实就是对自然现象进行说明的过程。说明体现在两种情况中。在第一种情况中，科学家试图说明某一件事情为什么会发生。被说明的事情可以是日常生活中司空见惯的，如："鸟儿为什么能飞翔？"也可以是与日常生活相距甚远的，如："为什么哈雷彗星会定期回归？"对这些事情的说明，科学家的一般策略是把事情的发生归因于某种一般性理论，如把鸟儿飞翔的原因归于某种空气动力学原理，把哈雷彗星定期回归的原因归于万有引力定律等。

在第二种情况中，科学家试图说明整个物质世界的内在机制，即说明为什么世界会以我们所看到的样子存在。在这种情况中，科学家要说明的不再是某一件事情，甚至也不是所有的事情，而是作为整体存在的世界。为了达到这个目的，科学家的策略是提出各种可能的普遍性理论，然后通过这种理论来推演整个世界的样子，再用推演的结果和真实的世界相比较,以此来寻找最有可能为真的普遍性理论。

在上述两种情况中,科学家都是把待说明的东西当作某种理论的一个推论或例证。例如,把哈雷彗星的定期回归当作万有引力定律的一个推论,把世界的整体状态当作某种"大统一理论"的一个例证。由此可以看出,科学研究的目的就是不断寻找能够合理说明世界的理论,在这种理论面前,物质世界的所有事情甚至整个世界的存在状态,都是某种时间函数的值而已。因此,在科学家看来,越是好的理论,越是能解释更多的自然事件,越是能涵盖更多自然现象,越是具有普遍性。

为什么科学家敢于无视自然现象的多样性和复杂性而只是痴迷于普遍性的理论?这是因为从本质上讲,我们所看到的纷繁复杂的世界,只是一种表象,在其背后,存在某种统一的、简单的、稳定的自然规律。令人惊叹的是,我们所看到的纷繁复杂的世界,最终只受自然规律的支配。

二、理解:作为对精神对象的认识方式

与自然现象和自然规律的"自在性"不同,人类的意识活动和精神现象并不是纯粹"自在"的存在。人类意识具有反思的结构,即人能意识到自己的意识,人会思考自己的思考。意识的这种反思结构会不断改变意识活动的本来状态,从而使意识活动和精神现象呈现出与自然对象完全不同的认识结构。对完全"自在性"的自然对象,我们可以借助普遍性理论进行说明,而对"反思性"的精神现象和意识活动,我们需要把自己投入"解释的循环"中去理解。

(一)对"理解"的"理解"

理解,似乎与认识自然的方式不同。被理解的东西与人类怎么认识它有内在的联系。比如,什么是幸福,什么是平等,什么是正义

等,都与认识者自身的主观感受有内在关联。你怎样理解幸福,你就有怎样解释你人生追求的合理性。比如,有人认为有房有车就是幸福,那他就选择那样的生活。也有人认为读书做学问便是幸福,那他就选择那样的生活方式。幸福不是纯粹的客体,它与人怎么认知、与人的主观性有密切关系。同时,人把主观性的"前见"作为理解别人行为的条件。从这一意义上说,理解就成为解释的前提和结果。理解的客体(对象)不是外在于理解主体,理解主体的现实生活经验已经构成他当下理解的"前理解""前见",在理解活动中发挥着作用。因此,理解注重主观方面和主观效应,同时强调把握对象的价值及把握方式的体验性。在这种认识中,认知主体与认知客体都牵连其中。这是对精神世界的认识与对客观世界认识最大的区别。因此,我们首先要理解人类精神生活的特征,才能够更好地谈理解。

(二)人类精神世界的特征

精神世界是属于人的,它与自然世界有很大不同,具有其自身的特点。

1.人类精神生活具有目的性、计划性

人类的行为,不论是发出的声音还是做出的手势,都具有某种指向或者意图,或者为某种目的服务。我们如果不了解行为的目的,就很难达到人类相互交往的基本理解。马克斯·韦伯认为:"一切关于人类有意义行动的基本成分的思考首先与'目的'和'手段'这两个范畴直接联系在一起。"[①]社会科学家研究人类行动的时候,首先看到的是手段,或者说是措施、策略等,但要理解这些手段,就需要追问背后的目的。

2.人类精神生活具有价值评价性

与自然世界的运转不同,人们做出价值判断后,即该不该做、值

---

① 马克斯·韦伯.社会科学方法论[M].韩水法,莫茜,译.北京:商务印书馆,2016:4.

不值得做，才去选择怎么做。如果人们不了解个人、社会、日常事务、历史事件是基于什么立场、什么样的价值观而形成的，就很难对之进行充分的讨论。

3.人类精神生活的规则、规范和原则具有历史性

人类生活中最为常见的规范，如道德原则、交通规则、礼仪规矩、饮食细则等，都不像自然法则那样具有永恒的有效性。它们是约定俗成的，随着人类社会的发展而发生变化。比如，古代人类没有能力生产汽车，其交通规则中就没有机动车与行人路权的分配内容。

4.精神世界具有可传递性、社会历史性

当今人类的思想可以说是前人思想传递的结果，也是人类发展的基础。传统在这里起了很大的作用，这也就是人类精神产物的特殊历史性，它决定了人类何以如此生活、何以如此行事及何以如此思想。如一些哲学家的发问："我是谁？""我从哪里来？""我向哪里去？"把人类的过去、现在和未来结合在一起。

5.作为精神科学的对象，精神客观化物以"表达"的方式存在

这些精神产物虽然以一种客观化物的东西存在于世，却是某种精神性东西的表达。比如，人类文明用书籍记载下来，保存的是人的思想等精神性的东西。这些精神客观化物的东西总是指向自身之外，它们具有要表达的意义。例如，一个正常的微笑不只是眼睛和嘴角的运动，它表达了发笑者内心的喜悦。一本书也不只是一些文字符号的堆积，而是作者内心思想和情感的流露。这种精神性的东西与自然世界的特点截然不同，其认识方式也就不同。

正因为精神对象的这些特点，人们在解释这些现象的时候，就不能按照解释自然规律的方式进行，而是要深入精神对象存在的历史—生存的环境，从拥有的立场、观点、情感等多方面多角度去理解。理解的前提，则是对精神现象历史性的把握。

（三）理解的实质

精神世界与自然世界不同。精神世界就其含义来讲是指意识活动及其活动结果的总和，它在本质上揭示的是人的精神性的所思所想。那么，理解精神世界本质上就是对人的意识（即精神）的把握。而人的意识存在于人的头脑中，看不见摸不着，要借助"文本"（人类创造的、表达经验的各种观念及观念的创造物）显现，那么，理解的内容就转为"文本"所传递的思想、情感等精神性的东西。理解的主体当然是人，是处于一定社会生活中的人。理解主体当下生活的社会中各种思想、观念等精神的存在，都会对理解的对象产生影响。而这些当下社会的各种思想、观念等精神性的东西，又是由一定的历史传统造就的。因此，理解主体既生活在当下，又生活在历史传统中。而当下的个人经验、思想、社会条件及历史传统，都潜移默化地构成理解者的"前结构"。所以，理解活动，既与理解者当下的社会环境、个人的生活境遇等主客观条件相关联，也与理解对象的社会条件、历史条件等相关联，还与理解主体对未来的谋划相关联。理解的实质，与认识自然界最大的不同，就是要考虑理解主体的主观性，它是理解对象的先决条件，对理解产生重大影响。换句话说，理解是"主体间"精神世界的互动性活动。理解者与理解对象（文本）之间不是主客体二元对立的关系，而是一种创造意义的互动关系。

1.施莱尔马赫：理解是对理解对象的一种精神重构

解释学家施莱尔马赫认为，理解不是对对象刻板的像照镜子一样的直观的现象性反映。知识（文本）都不是外在于人的，每个人的经验、心理状态、精神都不同，具有独特性。理解就是主客体精神相互作用构成的一种重构活动。他把理解与心灵的创作活动联系起来，认为理解是一种生命的表现，一种心理产品。理解是一种心灵的创造或再创造，是一种对文本思想的精神性重构。

在这种精神性重构中,理解意味着完全回到对象所体验到的那里去是不可能的。体验对象的精神方式,不是把对象当成客体,用理性的方式去思考,而是把自己的经验融入其中,是从非理性的层面进入那个场域,掺杂着主体对客体、重新体验对象(作者)的精神世界的过程。按照施莱尔马赫的说法,它是努力从思想上、心理上、时间上去"设身处地"地体验对象的原意或原思想。由此,施莱尔马赫认为误解是我们接触过去文本的正常情况。他认为,这是由主体间在时间、语言、历史背景和环境上的差异造成的,是一种必然,是非常正常的现象,误解不是错误,而恰恰是理解的前提条件。

2.狄尔泰:理解是理解者的生命与理解对象的生命相互转移的过程

狄尔泰的解释学在精神的重构方面又有进一步的阐释。他认为,精神科学是通过人的内在体验理解的精神生命。自然科学的任务是说明、观察和再观察对象世界。理解是创新体验过去的精神和生命,与自然科学不同。在自然科学中,自然作为人的外在对象而存在,有其固有的规律性。为此,自然科学的任务就是全面观察和分析客观对象所提供的事实,进行符合规律的说明或者解释。但在人所生活的社会和历史过程中,精神世界的运动时刻伴随着人类生命运动的生活本身。生活变动不居,且不断向我们发问,我们也在不断回答,这使我们与我们的社会及其历史始终保持密切的联系。因此,历史和社会都是我们生命的一部分,既是活生生的生命运动过程,又是一种不断自我展示的过程。我们不只是通过对外部世界的观察和感知,还要凭借建立在个体生命体验基础上的直觉和体验,从内心里把握社会和历史。只要我们时刻跟随历史,以生命情感追随各个历史事件,以亲身体验和发自内心的情感去体察社会和历史,就会成为历史过程的亲历者,而不再是单纯的外在观察者。历史也因此而成为我们的对话者,成为我们生命的一部分。我们跟随历史所呈现的过去，就可以在我们自身中内在地表现出来，就可以直接地自然地发现人类精神世界的内在统一性。

狄尔泰的解释学，试图建立"理解"主观精神世界的方法论。要对精神世界进行理解，理解者自身的主观精神就不能被排除在理解之外，而理解者的主观精神世界恰恰是理解对象的精神世界的基础条件，是要参与到理解活动中的。理解是理解者的生命与理解对象的生命相互转移的过程。而对自然世界的认识，则要尽可能地摆脱主观精神的干扰，通过观察、抽象、验证等实证方式，获得对自然世界的规律性把握。

3.海德格尔：理解的前结构是解释的必然内容和前提性条件

理解是主体关于意义生成的方式，主体间性的理解观照现实的生活世界。人与人之间的理解关乎人的生存境遇，即理解关乎人的存在方式，关乎人之为人的可能性的生存论问题。海德格尔的存在论哲学从根本上说与人的需求及其意义相关的。意义并不是万物本身所自有的，而是在它们与此在（人）发生关系中、在此在（人）面向未来的筹划过程中被赋予的。理解就是此在（人）面向未来的各种可能性的筹划和选择过程，是此在（人）赋予万物意义从而赋予自身意义、使自身成为真实存在的过程。理解意味着人的自我反思性的存在。

而理解具有一定的结构，海德格尔明确地指出："把某某东西作为某某东西加以解释，这在本质上是通过先行具有、先行视见与先行掌握来起作用的。解释从来不是对先行给定的东西所做的无前提的把握。"[①]"前有"是指一个人生存于其中的历史和文化，"前见"是人在理解与解释时使用的语言、观念及运用语言和观念的方式，"前设"是一个人在理解与解释前就具有的针对被解释

[①] 马丁·海德格尔.存在与时间（修订译本）[M].陈嘉映，王庆节，译.北京：生活·读书·新知三联书店，2006：176.

对象的观念、前提和假设。所有这些构成了理解的前结构，它不仅是解释的必然内容，而且构成了解释的可能性条件。"前有"、"前见"与"前理解"构成了理解的前提条件，而个体的前结构对未来的预设或者对对象的把握是从前结构的视域出发的，是立足于当下的生存，并对走向未来的对象所做的筹划和完成。每一时代的人都从历史文化中走来，立基当下，筹划未来，这是意义生成或者构造的过程，是视域融合的理解过程。"我们的文化和当前生活由之产生的过去的巨大视域，无疑影响着我们对未来的一切向往、希望和畏惧。历史只是根据我们的未来才对我们存在。"[1]理解就是"视域的融合"，即理解是在前结构、未来和当下现实的视域融合中发生的。文化理解的视域包含时间性、空间性和历史性及绵延性（延展性）等，呈现出连续性、差异性、开放性和多元性的特征。就抽象的意义而言，它包括被理解对象当下表面所用于表达的符号及其所承载的思想，以及思想背后的根源。更为宏观且具体地来看，这一视域包括其思想所承载的地域性文化、民族性精神，甚至是人类文化的历史性。就未来而言，这一视域凝聚了精神世界所旨归的筹划，即立于当下筹划未来的视域。精神世界的视域是由当下的多维视角，回看历史长河的来处，并形成了纵横交错的复杂的观看的"场域"。

  理解是视域交融的过程，解释者在进行解释时都带着自己的"前见"，从自己的当下情景出发与对象的"视域"相接触，进而把握对象所揭示的意义，由此发生了解释者的视域、对象的视域和当下情景的视域的交融现象。理解的视域交融不仅是历史与现实的融合，也是解释者与被解释者之间的会合。因此，理解的视域交融是各种异质性因素的交融与融合。也就是说，在对一种文化现象进行理

---

[1] 汉斯-格奥尔格·加达默尔.哲学解释学[M].夏镇平，宋建平，译.上海：上海译文出版社，2004：8.

解的过程中,理解者自身已经在潜移默化中接受了生活中特定社会与历史传统的"熏染"。这是我们判断当下对象的"前见"。

历史环境给了我们"前见",我们往往无法躲避。这些"前见"来自我们的历史、文化、语言、各种观念和假设等,是理解之所以可能的先决条件。理解者只有把自己置身于这种历史性的视域中,才能真正理解传承物的意义。理解者和解释者的视域不是封闭的和孤立的,它是理解在实践中进行交流的场所。理解者和解释者的任务就是扩大自己的视域,使它与其他视域相交融,实现视域融合。一旦我们与异质文化、思想能够达成视域融合,就意味着理解的发生。

三、说明与理解:对文化理解的解读

人们常说"一千个人眼中就有一千个哈姆雷特",每个人读《哈姆雷特》都有自己的理解。为什么会产生这样的现象?因为每个理解者的"前见"不同,所以理解自然不同。在理解问题上不能按照自然界的普遍法则寻找标准答案,尤其在文化的理解上。人文科学领域的理解充满差异、歧义和冲突。对精神现象的理解不能采用还原法,即主体符合客体,还原客体的本来面目。对精神现象的理解强调主体与客体相互渗入的视域融合。自然科学的对象是自在的、无意识的、客观的存在,可以通过科学的概念和理论去"说明";而作为精神科学的对象,文化更适合借助解释学的方法去理解。但是,当我们把不同的文化系统当成一个静态的已经存在的客观事物的时候,我们可能既需要说明,也需要理解。

(一) 文化需要说明

按照马克思历史唯物主义的观点,不同文化系统的存在是客观的,它依赖于社会存在,被社会存在所决定。但是,它一旦形成,就具有不以任何个人的意志为转移的属性和特征,有相对的独立性。它作为一种先于个人意识的普遍性力量,对该文化系统内的人具有明显的强制力,左右着人们的思想观念、思维方式、行为习

惯。文化是包括人们的语言、宗教、风俗习惯、行为规范及各种意识形态在内的复合体。文化的本质即"人化",是人类在改造自然、社会和人自身的历史过程中,赋予物质和精神产品以"人化"形式的特殊活动。文化是人类所创造的"人工世界"及其"人化世界"。这些属于人的世界,带有很强的主体意志、思想和观念。文化最为内在的核心部分就是价值观。任何一个人要成为一种文化系统的"内成员",都必须接受该文化蕴含的世界观和行为规范,把该文化内化于心、外化于行。

我们去说明文化系统的时候,主要关注该文化系统中语言、宗教、风俗传统、规则系统的形成、历史、特色、影响等,即把已经形成的文化系统当成认识对象,对其形成和发展的方方面面给予认识,也即充分了解该文化系统形成和发展的历史,为达成理解创造条件。

我们对不同文化系统的了解,首先是以对本土文化的深刻体认为基础的。了解自己的本土文化,是自我文化自觉的表现。正如费孝通先生指出的那样:"生活在一定文化中的人对其文化有'自知之明',明白它的来历、形成的过程,所具有的特色和它发展的趋向。"[①]其次,要了解其他国家、其他民族文化形成的过程、特色和发展趋势,即要有意识地了解其他国家的历史、文化、习俗、行为方式的产生、发展,这是尊重他国文化的具体表现。最后,从跨文化认知的互动特点来看,进行跨文化交流的双方既要通晓本国文化,又要了解他国文化,这是跨文化理解的基本条件。

(二)文化需要理解

由于文化的实质是"人化",即按照人的方式和标准去改变环境和自身,创造属人的存在,因此文化并不在人之外而独立存在,它就在人自身中。我们使用的文化表征的符号系统、社会生活的规

---

① 费孝通.关于"文化自觉"的一些自白[J].学术研究,2003(7):7.

则体系、内含的精神价值追求等，都在遵循该文化系统的一代一代之间传递。每个人基于自己的"前见"所生成地对文本的理解都具有合理性，文本对每个人所具有的意义也就不是完全相同的，没有对错之分。由于同一个文本在不同的历史时间中对不同的人所具有的意义是不同的，因此文本的意义不是确定的，而是在不同历史时间中生成的。不同文化体系间的理解，需要视域的融合。视域融合强调的不是改变或者消除与己不同的，而是以不同作为理解的条件，找到视域融合的聚焦点，从而达成理解。这种理解，不是要消灭差异，或者用某种文化取代另外一种文化。

对任何一种文化系统的完整的观察，都必须同时兼顾这两个维度。我们了解不同文化系统形成的过程以及特点，形成"各美其美和美人之美"的态度，"要能够从别人和自己不同的东西中发现美的地方，才能真正地美人之美，形成一个发自内心的、感情深处的认知和欣赏，而不是为了一个短期的目的或一个什么利益。只有这样才能相互容纳，产生凝聚力，做到民族间和国家间的'和而不同'的和平共处，共存共荣的结合"[1]。"各种文化自觉之后，这个文化多元的世界才能在互相融合中出现一个共同认可的基本秩序和形成一套各种文化和平共处、各抒所长、联手发展的共同守则。"[2]

第二节 跨文化理解如何可能

当今社会跨国、跨文化的交往活动日益频繁，不同文化理念和文化行为方式，往往影响着不同文化成员之间的交流与合作。不同

---

[1] 费孝通.关于"文化自觉"的一些自白[J].学术研究，2003(7):7.
[2] 王俊义.一位世纪学人的文化情怀——费孝通先生"文化自觉"论解读[J].学术研究，2003(7):11.

文化之间、拥有相同或不同文化的两个个体之间、现实和历史之间无处不在的理解和解释的过程,不仅成为学界研究的广阔领域,更是基于人类交流与合作创造更加美好的生活实践亟须解决的问题。

一、文化多样性:跨文化理解的前提

跨文化理解,意味着有不同的文化系统的存在。人类的共通性还是从人类存在的内在性来说的。人类的外部性特征构成了文化的差异性,即文化的多样性。

(一)文化是怎样形成的

文化是相对于"自然"而言的,是人类在历史发展中创造的物质财富和精神财富的总和,文化是人类创造的一切。从狭义来说,文化指的是人的精神方面,包括社会的意识形态、风俗习惯、用语规范及与之相适应的社会制度和社会组织。这些文化的形成与人类赖以生存的不同的自然环境及不同的物质资料生产方式有关。

1. 自然环境是人类文化发展的前提之一

"全部人类历史的第一个前提无疑是有生命的个人的存在。因此,第一个需要确认的事实就是这些个人的肉体组织以及由此产生的个人对其他自然的关系。"[①]自然是人类赖以生存的基础。人要活着,就要从自然获取自己的衣食住行。不同的地理条件影响着社会生产力的分布状况和发展水平。人类定居下来后,地理条件就成为人类原始部落共同体形成的前提。不同的原始公社在各自的自然环境中找到不同的生产资料和生活资料。因此,他们的生产方式、生活方式和产品也就各不相同。比如,在干燥的高地、广阔的草地等地理环境下,人们一般从事畜牧业;在大江大河流过的平原地区,人们主要从事农业;在与海洋相连的海岸区域,人们主要

---

① 马克思恩格斯选集(第一卷)[M].北京:人民出版社,2012:146.

从事渔业。同时，地理条件还影响着一些国家的政权形式与职能。例如，在亚洲的广大平原地区，种植业发达，农田需要合理灌溉，治水等灌溉工程迫切需要有中央集权式的政府来干预。因此，当地的政府就特别注重兴修水利工程等经济职能。在我国，始建于秦昭王末年（约前256—前251）的都江堰，就是当时蜀郡太守李冰父子在前人鳖灵开凿的基础上组织修建的大型水利工程，两千多年来一直发挥着防洪灌溉的作用，使成都平原成为水旱从人、沃野千里的"天府之国"，至今灌区已达30余县市、面积近千万亩，是全世界迄今为止年代最久、唯一留存、仍在一直使用、以无坝引水为特征的宏大水利工程，凝聚着我国古代劳动人民勤劳、勇敢、智慧的结晶，被联合国教科文组织列入《世界文化遗产名录》。

　　自然环境的天然差异，使不同国家和地区间在大气、水文、土壤、矿藏、生物等方面存在着很大不同，因此，自然界与人们之间的相互作用方式也有很大的不同，这是形成文化多样性的自然条件。

　　2.人类实践活动的多样性决定了文化多样性

　　实践是人的存在方式，是人类社会生活的本质，它使人类的本质力量得以充分体现和确证。人类不仅在实践活动中把自己从自然界中提升出来，即把自己从动物世界中提升出来，而且在改造自然的过程中，发展出多方面的社会需要，创造出丰富多彩的社会活动。实践活动的丰富性决定了世界文化的多样性。正如马克思所说："个人怎样表现自己的生命，他们自己就是怎样。因此，他们是什么样的，这同他们的生产是一致的——既和他们生产什么一致，又和他们怎样生产一致。"[①] "思想、观念、意识的生产最初是直接与人们的物质活动，与人们的物质交往，与现实生活的语言交织在一起的。人们的想象、思维、精神交往在这里还是人们物质行动的直接产物。表现在某一民族的政治、法律、道德、宗教、形而

[①] 马克思恩格斯选集（第一卷）[M].北京：人民出版社，2012：147.

上学等的语言中的精神生产也是这样。"①比如,我国的二十四节气,就是我国古代农业生产活动的直接产物。由于我国古代是一个农业社会,农业需要严格了解太阳的运行情况,所以人们在历法中又加入单独反映太阳运行周期的二十四节气,用作确定闰月的标准。二十四节气是我国古代订立的一种用来指导农事的补充历法,是中华民族劳动人民长期经验的积累成果和智慧的结晶。

3.文化是历史不断积累生成的结果

文化一旦形成,就有相对的独立性,有自己发展的历程。从本质上来说,文化是为了人的生存服务的。在漫长的历史发展过程中,经过历史的沉淀与人类生活不断发展的选择,形成了能够代代相传并对今天人们的社会生产和社会生活产生积极影响的文化传统。这样的文化传统既有前人的经验,又有后人的不断选择与补充发展,其精髓保留了下来,一些不利于社会发展的内容则被摒弃,同时还会汲取其他文化传统的积极部分。"一种文化的形成和演变,归根到底是其主体实践过程不断自我凝聚、自我升华、自我积累的产物"②,因此,它具有顽强的生命力。这些各具特色的文化传统,影响着在该文化圈中每一个社会成员的思维方式、习俗习惯、行为方式、价值取向。文化传统正是这样经过一代又一代人的传递,将一个个历史时期联系起来。所以,跨文化理解不是两个个体间的理解,而是两个以上的群体对由历史形成的世代相传的历史文化间的理解。

(二)文化多样性是人类文明发展进步的动力

1.文化多样性有利于文化生态的平衡

文化多样性是地理环境、生产方式、历史积淀生成的客观事实,是人类社会的基本特征,也是世界文明充满活力的表现。文化多样性创造了一个丰富多彩的世界,有利于人类的生存和发展。就

---

①马克思恩格斯选集(第一卷)[M].北京:人民出版社,2012:151—152.
②李德顺.简论文化及文化建设[M].马克思主义哲学论丛(总第6期).北京:社会科学文献出版社,2013:225.

如同生物多样性一样，文化多样性有利于维护文化生态的平衡和稳定，促进整个人类社会的可持续发展。各种文化有历史长短之分，无高低优劣之别。尊重世界文化的多样性，实际上是承认各种文化都以自己的方式为人类文明进步做出的积极贡献。只有以开放、包容的态度对待异质文化，找到差异中的契合点，形成"和而不同"的良性发展模式，才能促进世界文化的可持续健康发展。如果以自己本国本民族的文化作为标准，将其他文化视为异类，进而用经济发展的优势强求文化"趋同"，则会导致人类文明失去活力和发展动力，也会因为文化的压制引发文化的冲突，冲突的极端情况就是战争。

2.文化的交流、融合有利于人类文明的繁荣进步

地理大发现之前，由于生产力水平低下，交通不便，文化多样性存在着相互隔绝状态下的简单的多样性。不同文化间的交往一般只在相邻国家和地区间进行，在此基础上初步形成了几大文化圈，如欧洲文化圈、印度文化圈、中华文化圈。地理大发现之后，在各个国家和地区内部的文化多样性得以增强的同时，也在全球文化大碰触中，出现了几大文化圈之外的一些新型文化样态。不同文化间的交往，使得不同文化有了更多的学习机会，有利于文化的自我更新。同时，随着文化交往更加频繁和深入，世界文化的多样性不再是相互隔绝的简单的多样性，而是在文化交流、交融基础上形成的更为丰富的多样性。

在经济全球化的今天，现代科学技术的强劲发展为不同文化间的交往提供了极为便利的条件。它加快了文化的传播速度，丰富了文化传播的内容，使全球文化形成一个开放的沟通交流机制和持续的文化互动网络。不同文化在相互交流、碰撞中取长补短，在内容与形式上丰富了世界文化多样性，并为新文化样态的产生提供了土壤。"人类知识的进步来自世界各国人民的贡献，而且所有的

民族文化已经并将继续因受惠于别国文化而丰富。"①

3.文化多样性有利于维护民族文化平等

保持文化多样性的发展就是在尊重和理解异质文化的基础上，给予它们足够的空间，使其按照应有的模式持续健康发展。这实质上是维护异质文化间的平等权利。尊重意味着不采取外部改造取代的方式，文化权利是每个人享有的基本权利。

文化多样性是人类社会的基本特征，是一种客观存在，是人类文明历史的常态。人类文化是在物质世界的基础上创造和发展起来的，世界各地不同的生态环境形成不同的文化体系。人类文化的发生和发展从来就是多样的，不同的文化体系的发展史构成了一部丰富多彩的人类文明史。

文化多样性既是既往文化发展史的真实写照，同时也是对未来人类文化发展的期望和愿景，随着全球化时代的到来，它逐渐成为人们共同的价值理念。联合国教科文组织把文化多样性从宏观的思潮变为教育的目标，树立尊重文化多样性价值观也就成为一系列教育活动的宗旨。文化多样性问题从本质上讲是不同文化群体的关系问题，因此尊重文化多样性，就需要宽容的文化心态和平等的文化精神，充分承认不同文化之间的差异性，尊重不同文化的历史传统、文化精神、价值取向和现实形貌。

二、类存在的同源性：跨文化理解实现的基础

跨文化理解的问题，首先来自不同文化背景下人们之间相互交往的实践需要。特别是地理大发现和人类生产力的提高，使得人们跨地区、跨国的流动性越来越强。来自不同地区和国家的个体都携带着自己地区和国家或者民族的文化基因，带着自身的思维模式和

---

① 赵中建.全球教育发展的历史轨迹——联合国教科文组织国际教育大会建议书专集[M].北京：教育科学出版社，2005：313.

行为方式进入一个不同文化的地域开展交往活动，开始跨文化的交流和互动实践过程。我们试图从人类作为类存在的同源性的角度，找到实现跨文化理解的可能性基础。

（一）拥有类生物的刺激反应模式

在生理上，人类具有大致相同的刺激反应模式，即对外部刺激，人类的反应模式具有一致性。比如，面对严寒，人们都会觉得冷，并且都会把冷当作不舒服的、负面的感受，从而产生规避的欲望。所有人都是同一个物种，在遗传基因和身体构造、刺激反应、趋利避害等方面都具有相同的本能，这是两个人在面对同一个处境或问题时，会产生大致相同的反应和理解的生理基础。

但是，这种共同性并不意味着所有人都有完全一样的感受。比如，对冷的程度的具体感觉，老年人和年轻人，或者来自温暖地方和来自寒冷地方的人，他们各自的感受还是有所差异的。理解也不是要抹杀这种差异，而是需要对这种细微差异有足够的敏感性，以更好地理解不同的对象。

（二）具有共同的情感

人作为万物之灵，生而有情。面对他人遭受的痛苦，人们会身不由己地感到痛苦。面对他人给予的关爱，都会有温暖的体验，即通感。孟子说，人皆有不忍之心。通感和不忍之心是道德感和良知的心理起源。因此，人同此心也是跨文化理解的心理基础。事实上，"我"与另外一个个体之所以可以进行交流，是以我们心理的相似性和人性的通感为前提条件的。

（三）拥有大致相同的信息加工系统

人类的社会性存在，决定了人类需要进行交流，以更好地一致行动。在交流过程中，相同的信息加工、传递和接收系统以及相同的语言是基本前提。换言之，不同文化系统中的两个人之间要达成某种理解，就必须同时具有接收信息的能力，并且对信息的接收方式是相同的，至少是相通的，可以相互翻译的。

大量的语言学研究表明，各种语言的差异不是无限的，语言的差异性背后有一个共同的机制，那就是语法结构的普遍性。正是因为各种不同的语言都拥有基本相同的语法结构，我们才可以把一种语言中的某个词、短句或长句，翻译成另一种语言中对应的部分。语言是人类发明的最伟大的文明成就之一，也是人类区别于动物的根本特征之一。透过语言，我们可以看到人类的本性。

人类共同的信息接收系统还包括体态动作、口头语言、文字系统、数学和逻辑的直觉、对世界某种程度上的共同认知等。这种共同的信息加工、传递和接收系统，能够保证任何两个人之间都可以通过手势、语言、文字、数学和逻辑进行最简单的沟通，达成某种共识。但是，深层的沟通需要对语言精准的翻译系统，尤其是对其内在的文化标准有深刻的理解，即达成语言的"可通约性"，才可以避免信息加工的扭曲。

（四）拥有共同的理性能力

人类拥有相同的理性能力，尤其是理性的预知能力和推测能力。理性的推测能力让我们能够在事情还没有发生的时候就意识到危险和损害，从而采取某种措施以防止不良后果的发生。这种能力在两个人的竞争和敌对关系中发挥着建设性作用，从而促成跨文化的理解。

资源稀缺导致的竞争会引发不同的后果：一种是排他性的竞争，即零和博弈，有你无我的敌对关系；另一种是在充分意识到竞争带来的不良后果后采取的相容性竞争，即通过建立竞争规则而共同获利。

对冲突导致的同归于尽的后果的理性认知，会让双方都主动避免某种行为，如在竞争中采取极端的敌对行为，任由误解不断放大而不加以管控等。避免对双方来说都是最坏的结局的本能或理性，是所有人共同具有的能力，是跨文化理解的前提条件之一。

全球化时代之前的跨文化或国际竞争，大部分是采用零和博弈的形式，至少在主观动机上是排他性的，即一方并没有为另一方考虑的主观动机。强权、霸权是其表现形式。全球化时代的到来，让大家都意识到人类命运共同体的重要性，同舟共济、团结合作是人类应该选择的，即这个地球是大家共同的家园，"合则两利，斗则两伤"。

（五）拥有对真善美的价值追求

从远古时代起，人类的祖先就曾经无数次在寂静的夜晚遥望星空。他们情不自禁地问，辽阔的天空为什么如此美丽、秩序井然？这种好奇心也表现在对其他自然现象的探究之中。人们渴望了解事物的真相，想知道在变化万千的现象背后是否有更真实的机制在起作用，想知道世界为何如此这般，以及它将如何变化。几乎所有人都天生具有探索未知事物奥秘的强烈渴望。正是这种发现真相的渴望引导人类不断走向未知的领域，并创造出辉煌灿烂的文明。

抑恶扬善是人类道德范畴中最基本的要义，几乎任何时代的任何民族都对去恶从善有着普遍的向往，都将之奉为普遍的道德准绳。无论作为普遍基本的道德准则，还是具体的"不杀人""不偷盗"等道德律令，乃至今日人们对世界共同伦理的探讨，都反映了人类对善的共同追求。

人作为万物之灵，生而有情。爱是人类情感的根源和归宿。人类情感的表达方式不同，但都在追求着爱这一基本情感。让世界充满爱是人类共同的愿景。

人类对美有共通的认识，所以无论何种文化背景的人们，看到雄伟的长城会为古人创下的壮举而感叹，看到典雅的泰姬陵会肃然起敬，看到精致的欧洲古建筑会由衷地赞叹。

人类生物基因、心理机制、语言的普遍结构，对真善美的追求的共通性，并不意味着文化都是相同的，而是说人类文化的差异性，恰恰是人类共通性的差异化表达。这种差异化表达是跨文化理解的必要性，人类的共通性是跨文化理解的可能性。

三、"和谐共生"的模式构建：跨文化理解实现的方式

文化多样性是一种客观事实。文化多样性对促进人类文明的健康发展具有重大意义，但文化多样性也为全球性的文化交流制造了障碍。如何突破不同文化之间存在的隔阂，在更大规模上促进人类彼此之间的理解和交流？如何超越文化自我中心主义的樊篱，以平等的态度了解、理解、欣赏其他文化系统？如何把文化多样性变成人类文明持久发展的根本动力？这些问题是当今国际理解教育和跨文化交流需要重点关注和首先解决的。

（一）树立以"互动"为核心的跨文化理解意识

跨文化理解是不同文化的互动性活动。"在互动过程中，尊重文化不同性被看作是不同文化成员间跨文化理解的重要前提。"[1]

如果我们把跨文化理解中的"跨"理解为"之间"，即意识到文化间各自有自身独特的形态。每种文化的风俗习惯、语言文字、伦理道德、宗教信仰等都具有独创性和充分的价值，在历史中形成，并与其社会经济发展、政治体制、社会历史条件等诸多因素相适应。我们以开放的心态"倾听"不同文化的诉说，就会发现其价值。

如果我们把跨文化理解中的"跨"理解为"相互"，就隐含着一个双向的思维过程。文化没有优劣，更没有谁高谁低，文化间的关系是平等的，不同文化都对世界文化做出了自己的贡献。在跨文化理解过程中，要反对跨文化理解的单向性的说白，提倡每种文化都向异文化开放，使不同文化间能够相互吸收他文化的优秀成分，更好地发展自己。

如果我们进一步把跨文化理解中的"跨"理解为"互动"，则意味着文化在发展过程中，就会与其他文化之间相互作用而彼

---

[1] 王志强.本我和他我——跨文化日耳曼学视角下文化异同认知互动性[J].德国研究，2006(2):66.

此产生积极改变的过程。新的元素融入，也意味着文化的创新和发展。

如果我们把跨文化理解中的"跨"理解为"对立"或者"对峙"，则意味着不同的文化是对立的、矛盾的、冲突的。这往往会加大跨文化交往之间的不适感、隔阂感，造成跨文化理解的困境，比如误解、误读、误判，严重的极端情况甚至会导致冲突乃至战争。

我们说以"互动"为核心的跨文化意识，实质就是对不同文化存在肯定性的态度，能够保持对不同文化的相互尊重，用平等而不是傲慢的态度对待不同民族的文化。如果站在自己文化的背景和个人的好恶基础上评价文化，就很容易趋向某种文化殖民主义。而以西方所谓的"先进"文化取代、统一全球不同民族的文化，无疑是人类的灾难。

（二）建立"合作式对话"的跨文化理解的对话模式

跨文化理解需要互动，需要对话。对话的前提是尊重文化的多样性，超越文化归属性，克服民族中心主义。

美国哈佛大学教授迈克尔·桑德尔提出了两种跨文化对话的范式："比较式对话"和"合作式对话"。前者"关注不同哲学传统的相似性与差异性，它让我们关注整个的传统，比如东方和西方，中国哲学和西方哲学。比较式的跨文化对话产生了许多了不起的洞见，但它也不可避免地有这样一种倾向，即把东方思想与西方思想截然二分"，进而再判明各自的优劣、短长，往往就很难展示文化交流中的平等和善意，失去对话的平等性和建设性。后者"也可称之为合作诠释学"，"致力于共同学习和阐释各自传统中的核心著作"，"在一定程度上扭转不同传统之间的对立局面"，成为跨文化间"一条更深的相互了解的路径"[①]。

[①] 桑德尔.从"比较式对话"到"合作式对话"——对陈来等教授的回应与评论[J].华东师范大学学报（哲学社会科学版），2016（3）：173.

"合作式对话"代表了人类走向全球化时代需要把握的一种富有建设性的思维方式。李德顺教授认为,"合作式对话"是"立足于对某一公共'问题'的共同关注,让对问题的理解和回答的愿望……成为对话的共同基础和动力"[①],而不是比较不同文化的短长,争出个高下。"合作式对话"是在承认和理解文化多样性的基础上,"保持对话者之间的独立平等。独立平等的对话者,通过面对共同的问题,力求提供相应的理解和回答,必然会有针对性地挖掘整理各自的文化资源,在更有效地展示不同文化的成果、风格和特色的同时",加深彼此之间的了解和理解,"在此基础上找到彼此之间的'共同点'和'衔接口'"[②],也就是视域融合点,从而形成深度的、建设性的共识,推动思考向着双方共赢的有益的高度提升。

(三)建立基于"和谐共生"的跨文化理解态度模式

跨文化理解不是目的,创建一个人类和谐共生的世界才是目的。跨文化理解要求人们用跨文化视角审视不同文化,包括自身的本土文化,由此建立起一种具有普遍意义的、能被不同文化系统广泛接受的、有利于人类和谐共生的交往模式。

在日常交往和生活世界的层次上,关于理解,我们可以建立一个四段模式。

1.知道或了解

不同文化间的不理解,有时候是因为不了解。有研究表明,跨文化理解与文化认知成正相关。对其他国家文化认知度高、程度深,有助于跨文化的理解。我们应通过阅读、直接接触等多种方式对文化和文明多样性进行认知,了解其文化来源以及蕴含的价值观,对他国文化熟知起来,并作为我们知识系统的一部分。同时,

---

① 李德顺.用"合作式对话"代替"比较式对话"[N].北京日报,2019-08-26(14).
② 同①.

我们应避免在没有了解的情况下，带着先入为主的文化偏见和文化定式去看待异质文化。因此，增强对不同文化的了解，是形成跨文化理解的文化互动认知的基础条件。

2.理解

理解不仅仅是了解，还包含着懂得。什么是懂得？就是我们通过把新的文化现象包容在我们的解释系统中，在解释者和被解释者之间达成的一种文化统一。

3.宽容

对待一些我们不能理解的异己文化，我们只能作为一种存在接受下来，承认它拥有同样的存在权利，而不是把其当异类，去消灭它，这就是宽容。

4.规则或约束

人类面临不可调和的冲突时，需要建立共享的规则，它体现在共享价值观、共享文明、国际条约和国际组织的框架内，是人类文化统一性的结果。全球化意味着世界作为一个整体的统一性越来越强。在全球化时代，已经没有任何民族文化可以游离于这个整体之外而孤立存在，为了大家的共同生存和发展，"地球村"的"村民"必然要制定一些共同遵守的"村规民约"，形成一些"全球规则"。尽管当今这一制定过程并不都是平等和谐的，制定出来的条文也并不都是公正合理的，但可以肯定的是，随着全球化进程的不断加快加深，人类文化的交互发展以及统一性将会越来越明显。

第三章 国际理解教育的目标及内容

任何教育欲进入学校，都需要转变为课程，这样才能使教育具有自觉性、系统性和客观性，从而避免教育的盲目性、碎片化和随意性。国际理解教育与全球化进程同频同步，越来越成为学生未来参与全球化的社会生活及自身发展的需求。国际理解教育的课程形态有其自身的目标、内容，它们共同构成现代基础教育课程的一部分。

第一节 国际理解教育的目标建构

教育目标是任何教育首先要思考的问题。因为教育目标是教育的方向，是教育的价值选择，同时也是"选择教学材料、勾勒教学内容、形成教学步骤以及准备测验和考试的标准"[1]。国际理解教育的目标设定也不例外。

一、国际理解教育目标设定的依据

任何一种教育都不能盲目进行，学校教育目标是教职人员有意识追求的对象。教育目标的确定是教育实践得以完成的前提。从国

---

[1] 拉尔夫·泰勒.课程与教学的基本原理（英汉对照版）[M].罗康，张阅，译.北京：中国轻工业出版社，2014：3.

家制定的教育目标到实际的课堂教学目标,要经历一系列转化。怎样制定国际理解的目标呢?可以从以下几个方面,以目的和目标的概括性程度为依据,依次制定国际理解的教育目标、培养目标、教学目标。

(一)国际理解教育的整体目标:联合国教科文组织倡导的国际理解教育宏大目标

联合国教科文组织倡导的国际理解教育是要在人们思想中筑起保卫和平的屏障,去除种族的不平等主义以及由于文化的不理解导致人们的交流受阻,要发展及增进各国人民之间的交往,增进相互理解,促进合作,实现和平的美好世界。随着时代的发展,联合国教科文组织在其多次召开的国际教育大会上,都提出国际理解教育要建立和平、安全、民主、理想的国际社会,有时也称"全球社会",并从目的、内容、心态、道德、方式等多方面进行了表述。

从联合国教科文组织及会议文件提到"国际理解教育"时的高频词,如和平、民主、自由、文化、权利、理解等,可以看出其总体的教育目标。

1.总体目的

追求全人类和平,反对战争,反对暴力。坚信对话和相互理解是建立和平的基础,人类智慧与道德的团结是建立和平的前提。

2.社会理想目标

建立人类尊严、平等与相互尊重等民主原则,反对各种殖民主义、新殖民主义、种族歧视、种族隔离政策、奴隶制及其他所有侵略,这是对两次世界大战的回应。不论大国还是小国,都有平等的权利来决定自己国家的生活,并有充分地开发其文化和物质的可能性,这是对文化多样性受到攻击、各种形式的排斥、对科学事实的否认、针对言论自由的威胁和挑战的回应。

3.教育目标

消除仇恨,倡导对话包容,鼓励国际合作,培养全球意识;培养学生对世界共同体的责任感，增进国际团结和对世界各国及民族之间相互依存的理解。

（二）国际理解教育的国家意识：国家指导性教育政策中的国际理解培养目标

任何一个国家的教育政策都是某一历史时期国家或政党的总任务、总方针、总政策在教育领域内的具体体现，规定着该国各级各类人才的培养方向和培养目标。

进入21世纪后，《国家中长期教育改革和发展规划纲要（2010—2020年）》中第一次在国家政策层面提出要加强"国际理解教育"。从该纲要中我们可以看出，我国国际理解教育是在教育国际化的背景下提出来的，要达成的目标是培养学生对不同国家、不同文化有更加深刻的认识和理解。2016年9月13日，《中国学生发展核心素养》正式颁布，"国际理解"素养被确定为核心素养之一。

归纳起来，国际理解教育的人才培养目标包括：要培养学生在正确认识自己的基础上尊重他人，学会与他人进行友好交流与合作，在竞争的同时也要具有团队精神，认识文化的多元和差异，逐步养成面向世界的开放心态和国际视野，树立人类命运共同体意识及责任感。

（三）国际理解教育课程目标：学校的办学理念、办学特色相结合

每个学校都有自己的办学理念，即学校用于指导教育教学行为与管理的最高价值追求。它是学校办学行为的起点和归宿，是学校文化理念系统的灵魂。学校办学理念也是学校历史的积淀，体现了学校在长期的教育实践中形成的具有独特凝聚力的学校精神和师生员工一致认同的价值观念、道德规范、行为方式。与此同时，各学校还有本校独特的办学特色及校本课程体系。

国际理解教育"不仅应包括获得技能，而且更应包括形成并发展有利于建设、保持和完善一个统一的世界的心理态度"①，其本质是情感态度价值观教育。在全球化时代，学校要落实国际理解教育，就需要与学校的最高价值理念有机结合起来，同时，还需要有与自己办学特色相融合的课程建设。

(四)国际理解教育的教学目标：关注学生发展的国际交往需求

国际理解教育要消除"自我中心论"，要把他人、他民族、他国放在一个平等的位置上，探讨社会面临的共同问题，并为建立公平公正的社会做出自己的努力。

从心理学上来说，皮亚杰认为儿童早期对世界的认识完全是以他自己的身体和动作为中心的，是"自我中心主义的"。在这个时期，儿童还没有将自我和外部世界明确分化开来，他们体验和感知到的印象是浑然一体的，造成被体验和被感知的事物都成为自身的活动。他们把所有被体验和被感知的事物都与自己的身体联系起来，把自己当作宇宙的中心。因此，这个阶段的儿童只能根据自己的需要和感情去判断和理解周围世界及与他人的关系等，而不能注意别人的意图、观点和情感，不能从别人的角度去看问题，也不能从事物自身的规律和特点去认知问题。这种"自我中心主义"是由于还没有把自我和外部世界相分化，因此和成人的利己主义是完全不同的。与此相对，皮亚杰认为儿童大约在出生之后18个月的时候，会发生一场"哥白尼式"的革命，"所谓哥白尼式的革命，就是说，活动不再以主体的身体为中心了。主体的身体开始被看作是处于一个空间中的诸多客体中的一个；由于主体开始意识到自身是活动的来源，从而也是认识的来源，于是主体的活动也得到协调而彼此关联起来"②。也就是说，"去自我中心"是儿童开始把自己从

---

① 赵中建.全球教育发展的历史轨迹——联合国教科文组织国际教育大会建议书专集[M].北京：教育科学出版社，2005：72.
② 皮亚杰.发生认识论原理[M].王宪钿等，译.北京：商务印书馆，1981：24.

客观世界中区别出来,把自己与他人区别开来的过程。这个去自我中心的过程一直到学龄期开始才逐渐完成。皮亚杰用自我中心对儿童的认知特点进行描述,实际上就是指儿童在其发展早期仅依靠其自身的视角来感知世界,不能意识到他人可能具有不同视角和观点的倾向性。这种倾向要想改变不能仅靠儿童自己来完成,也要通过教育来支撑。如果教育不关注这个问题,且儿童的社会化程度不够的话,就会阻碍人与人、民族与民族、国家与国家的相互理解,由此带来的冲突也将不会有效地得到解决。

二、国际理解教育的课程目标

(一)国际理解教育课程目标框架

国际理解教育的课程目标是指对该课程培养人的预期结果的主观设想,即培养的人才在国际理解方面应达到的标准,反映国际理解教育的目的。国际理解教育课程的目标框架是围绕国际理解教育的基本概念建构起来的,涵盖国际理解教育的核心概念、核心价值观念、基本能力,用于指导国际理解教育的方向。那么,怎样搭建国际理解教育的框架呢?

人们在看到国际理解教育时可能会问,不同国家间为什么需要"理解"?

首先,不同国家、民族之间是有差异的,这是国际理解的前提。如果国家、民族间没有差异,也谈不上理解的问题。

不同民族的文化之间存在天然的不同是显而易见的。比如,人类的饮食习俗差别非常大:印度的咖喱羊肉、意大利的比萨饼、日本的寿司、中国北京的炸酱面……这些不同的饮食习惯都是由不同地区所处的气候、环境等自然因素及发展的历史各不相同而形成的。除此之外,宗教信仰、政治、经济发展等社会因素也起着重要作用。任何一个民族的生活习俗都代表着这个民族对待自然的态度、对生活的认识及长期积累的生活经验,都有其合理性。这些文化只有差异,没有优劣之分。

其次,不同国家、民族差异背后的统一性是理解的可能性。文化的差异性如此明显和广泛,容易使人们忽略文化的另一个重要特征:基于人类的物种特性和长期的跨文化交往而形成的统一性。人类不分种族、民族、性别,都具有大致相同的生物基因和感受系统,我们共享伟大的科技文明。由于环境恶化、资源紧缺等全球性问题越来越多,全人类的命运已经休戚与共。人类文化的内在统一性,使我们有可能超越彼此的差异去关注人类共同的利益,也有可能在相互尊重的基础上进行国际合作。

基于各国各民族的文化差异性,有必要进行国际理解;基于各国各民族的文化统一性,国际理解有可能得以实现。而支撑国际理解事业的最原始的诉求,推动人类努力去避免战争、尊重人权、追求持久和平的最强大的力量,其实就是所有人类文化中最普遍的价值追求——对生命的尊重。只有在所有人的心中树立起对生命的敬畏感,让所有人理解了生命的珍贵和脆弱,那些践踏生命尊严、伤害生命的行为才有可能避免,和平才有可能实现。

基于以上对文化差异性和统一性的认识,以及对国际理解可能性和必要性关系的认识,国际理解教育赖以展开的目标框架得以构建。具体如图3-1所示。

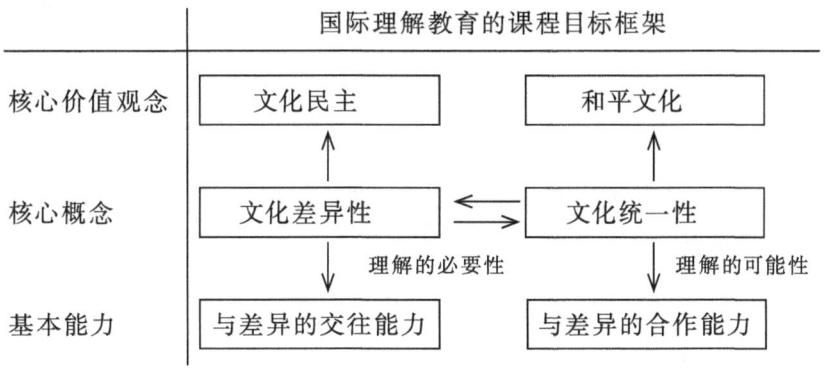

图3-1 国际理解教育课程目标框架

上述国际理解教育课程的目标框架对国际理解教育具有约束性、支撑性的作用，使得国际理解教育的目标具有内在统一性。

（二）国际理解教育的素养目标

在我国，国际理解教育是以民族自尊为基础的国际主义与以国际理解为基础的爱国主义的统一。国际理解教育不是淡化或掩盖现实世界中不同国家和民族之间存在的矛盾与冲突，而是通过帮助学生建构国际理解教育核心观念和培养国际理解能力去正确认识当今世界的各种矛盾，让他们主动了解不同文化间的文化差异，分析、理解文化差异形成的原因，包容与本民族文化不同的文化特性，形成文化的宽容与尊重、文化的自豪感与尊严的意识，挖掘各国各民族文化差异背后蕴含着的人类共同的追求，理解人类的共同追求。这也是不同文化能够相互理解、相互交流借鉴、相互吸纳融合的基础。学会欣赏不同文化所表现出的智慧和情感，认同和平文化的终极目标是对所有生命的尊重。

1.情感态度价值观目标

（1）引导学生树立对不同文化和生活方式的尊重与宽容精神，尊重生命和人的基本权利，追求社会公正、民主与平等，反对暴力，热爱和平。

（2）培养具有爱国主义情操和民族自豪感的世界公民，以共同的价值观念和情感应用于实际生活和交往实践为基础，学做世界公民。

（3）培养学生的全球化意识，使其能够以富有责任感的态度关心人类所有个体和群体的命运并愿意为全人类的福祉积极参与社会生活；使其拥有对世界的好奇心和对生命的广泛的同情心，能够从制度的、历史的和人类文明的角度对人类社会的冲突和困境进行初步的思考，具有开放意识和国际视野。

2.能力目标

（1）尊重、理解、欣赏本国文化与他国文化的能力。

（2）与持有不同观点、来自不同文化的人进行公开、平等、适当和有效的互动交流，并为人类命运共同体的福祉和可持续发展采取行动的能力。

（3）意识到解决任何问题没有唯一方式，靠人类的智慧基于共同关切选择平等协商、对话交流、求同存异等和平的方式解决分歧和冲突的能力。

（4）从不同价值立场、不同角度理解世界的能力，进而能够欣赏世界是由不同文化和价值观组成的能力。

（5）在一个差异化的世界中，学会团结与合作，具有团队精神和一定的组织活动能力，能与其他人共同创建交往规则，并在共同规则的约束下竞争与合作的能力。

3.知识目标

（1）通过对不同的个体、群体、民族、国家、种族及不同语言、不同宗教、不同文化体系的历史、现状及差异的了解，能够在起源、遗传特征、科技文明、审美艺术、共享价值观、共同的命运与困境等方面概括人类的统一性，认可不同文化和民族在相互交流中共同发展。

（2）通过对因误解、歧视、仇恨和战争导致灾难等的了解，能够从不同角度理解自身与他人、本民族与他民族、本国与他国的文化差异。

（3）了解国际竞争与合作的规则体系在促进和平社会的建立方面的积极影响；了解不同世界组织及其承担的责任；了解不同国家对世界文明的巨大贡献。

以上目标是以国际理解教育的核心概念为基础，分别从知识的获得、价值观与情感的生成、基本交往能力的培养、责任感的形成、世界公民的身份确立等角度确定国际理解教育的总体目标。

国际理解教育是价值观念教育，以情感态度价值观目标为首要目标。因为国际理解的能力、作为世界公民的意识和由此产生的责任感,都是建立在和平文化的观念和情感建立之上的;关于文化差异性和文化统一性的知识,则是达成和平文化价值观和情感取向的必要手段。

不同年龄的学生认知结构不同,交往能力的水平不同,因此国际理解教育的主题和能力培养的重点自然有所不同。构建不同年级的分层次细化的核心概念与能力发展的目标是各学校国际理解教育课程目标建设的重要内容。中小学国际理解教育的目标层次如表3-1所示。

表3-1 中小学国际理解教育目标层次

学段	核心价值观念	核心概念	认知目标	情感态度目标	能力目标
小学	文化民主	文化多样性	文化多样性的表现	文化理解	理解并协商异域文化,从不同文化的角度换位思考的能力
			文化多样性的原因	文化宽容	从适应性角度理解文化差异性的能力
	和平文化	国际交往(在交往中增进理解)	尊重与交往	平等、尊重	学会与自己观点不同的人平等交流,与不同国家的人平等交流,向外国人介绍中国的能力
			生命的价值	热爱生命、反对暴力、尊重人权	发现生命之美,把尊重和珍惜生命作为人际交往的最高原则

续表

学段	核心价值观念	核心概念	认知目标	情感态度目标	能力目标
中学	文化民主与和平文化	文化统一性	人类文化充满共通性	人类的相同远大于差异	在差异性文化中寻找人类文化相通因素的能力
			战争与和平	反对战争热爱和平	以和平的方式解决分歧和冲突的能力
		国际合作	国际组织与公约	世界需要共享文明和规则,追求国际社会的公正	与他人共建规则并在规则的约束下竞争与合作的能力
			全球问题及对策	人类责任感和全球意识、建立人类命运共同体意识	形成从历史的、制度的、文化的多重视角分析国际问题的能力

当然,以上只是国际理解教育目标比较粗的分层,具体的课程目标,还需要根据各个学校学生的认知特点,进行更为细致的二次开发。比如,初中和高中阶段学生的认知水平不同,还需要再细化。初中阶段更为注重培养学生在对本民族主体文化认同的基础上,意识到不同国家、民族文化差异背后凝结着的人类智慧,以及人类共同的价值观,增强对文化统一性的认识。同时,应帮助学生学会增进与其他国家人民友好交往的技能,了解其中的行为规范,初步形成通过协商、对话建立人类共同行动规则的能力。高中阶段由于学生的抽象思维水平的提高,视野更为宽阔,更为注重正确分析国际政治、经济发展状况及其对本国发展的影响,正确认识经济竞争与合作、生态环境、多元文化共存、和平与发展等国际问题产生的原因,养成以人类命运共同体为基础的非暴力解决全球问题的能力。

总之，我们要培育学生善良、无私、公正、民主、热爱和平、关心人类共同发展的情操，使其树立起担负世界公民的责任和义务的意识。

第二节　国际理解教育的内容

联合国就是为了维持国际和平与安全、发展各国之间的友好关系、促进国际合作而建立起来的。所以，联合国框架下的国际组织，均在自己的专门领域里，维持世界和平，促进合作，以化解国与国间经济、社会、文化的冲突，促进对人权和基本自由的尊重。从联合国教科文组织的各种报告来看，国际理解教育几乎涵盖与全球化相关的重要教育内容。例如，和平、多元文化、人权、男女平等、社会与自然环境的可持续发展等，这成为各国确定国际理解教育内容的重要依据。具体而言，国际理解教育的内容主要包括以下几部分。

一、和平文化：积极和平的选择

和平，是饱受战争之苦的世界各国人民的普遍愿望，也是第二次世界大战后成立的联合国教科文组织倡导的国际理解教育追求的目标。

（一）对和平的理解

1.日常语言中的和平

在日常生活中，人们对和平会有多种理解。从历史状态来看，和平是以不存在大的战争和国际事务的普遍稳定为主要特征的国际历史时期；从方式策略来看，和平是冲突双方不通过战争的方式，以非暴力的方式解决冲突的方式；从社会环境角度来看，和平是没有敌对、争端或骚乱的社会状况；从个体心理角度来看，和平可能就是指心平气和、和洽安宁的心理状态。可以看出，人们日常谈到的和平,范围比较宽泛,既包括历史时期、社会环境的"非战争状态"或"不存在物理性暴力的状态"[①],也包括个体宁静、安详的心理状态。这些都是对和平最为一般性的理解。

2.国际关系视角中的和平

从国际关系的视角研究和平,基本上是以国家间、民族间、种族间的战争、暴力、冲突等相关问题为研究重点。因为战争是暴力的最极端的形式,影响面广、代价巨大,这在国际社会均有共识。两次世界大战给世界的启示是,一旦世界战争打响,仅靠一个国家的力量消除战争是根本不可能的,必须通过国际联合创建世界性的和平机制,比如联合国及其旗下的多个世界性组织以及一系列维护国家秩序的国际条约,依靠国际间的协作及国际法的约束力,用和平的方式解决国家间的冲突。同时,通过教育积极改善因无知、不平等、歧视等不尊重带来的冲突的升级,也是争取和平的方式。总体来讲,从国际关系理论来看,和平仍然是与显性的战争、冲突、暴力的状态相对立,是探讨怎样用非暴力的方式达成无战争状态的一种方式。

3."和平学"中的和平

挪威的加尔通创造性地提出了直接暴力(direct violence)、结构暴力(structural violence)、文化暴力(cultural violence)与相应的积极和平(negative peace)、消极和平(positive peace)、文化和平(cultural peace)的概念,并对当今复杂的国际社会状况,特别是造成战争的深层的政治结构,进行了深刻的解剖。

在加尔通看来,直接暴力主要指的是,人们很容易觉察到的人为的给个人和社会带来伤害、痛苦和破坏的战争与冲突;结构暴力指的是,由社会结构的不平等引发或造成的阻碍人的自我实现,甚至产生与直接暴力相同结果的那些无形的,如贫困、饥饿、疾病和

[①] 星野昭吉.全球社会和平学[M].梁云祥,梁海峰,刘小林,译.北京:北京师范大学出版社,2007:73—74.

政治压迫、种族歧视等间接暴力形式；文化暴力指的是，通过宗教、艺术、文学、意识形态等载体所造成的憎恨、恐惧、猜疑及人自身潜能与自主性受到压抑、伤害和侵犯的那些行为方式。据此，加尔通进一步指出，消除那些看得见的战争和暴力冲突，即直接暴力的状态，仅仅是消除战争、滥用枪械和其他形式的直接暴力的方式，追求的仅是和平的表象，避免的是身体上的伤害，属于消极和平。如果说直接暴力更倾向于行动的发出者的话，那么结构暴力和文化暴力就直接指向社会政治和文化机制的不平等、不公正带来的损害人权等。因此，如果整个世界要建立持久的和平，就要根除直接暴力、结构暴力、文化暴力的根源，这才是积极和平所要达成的目标。

加尔通的和平思想突破了以往"避免战争"状态这一狭小关注点的束缚，认识到日常与传统的对和平解释力的盲区，将和平问题提升至寻求国家、民族、人与人之间平等的相互关系的高度。

（二）国际理解教育中的和平文化

1. 和平文化是一种观念

"和平文化"概念最早是在非政府组织中间酝酿产生的，后来被联合国教科文组织接受并不断充实。1994年国际教育大会第44届年会上，联合国教科文组织总干事马约尔作了名为《为了国际理解的教育》的报告。报告指出，和平的文化应该是这样一种状态：必须在全民终身教育的全过程中，"在人们的头脑中确立和平的观念"，且"在日常行为中体现出一种理解和宽容的态度、一种了解他人并尊重他人的'他人意识'"；虽然"我们在很多事情上意见相左，但我们永不寻求暴力"解决问题；"一种和平的文化还意味着我们在维护自己尊严而行事时，还要同时意识到他人的存在。我们必须有一种'他人意识'，这不仅仅指眼前，还须考虑到后世各代"[1]。联合国前秘书长潘基文指出："和平意味着获得教育、健康

---

[1] 赵中建.理解·宽容·二十一世纪教育[J].高等师范教育研究，1995（2）：75—76.

以及其他重要服务,尤其是对女童和妇女而言。和平还意味着让每一名青年女子和男子都拥有选择自己生活的机会,意味着可持续地进行发展并保护地球的生物多样性,而且,比以往任何时候都意味着在宽容、尊重和相互理解的基础之上共同生活。"①

由此,我们可以看出,"和平文化是体现并依据以下各点的一整套伦理价值、美学价值、风俗习惯、对他人的态度、行为和生活方式:尊重生命,尊重人,尊重人的尊严和权利;摒除暴力;承认男女权利平等;热爱民主、自由、正义、团结、宽容,接受民族间和国家间、种族、宗教、文化、社会群体之间及个人之间的差异和谅解的原则"②,这是为子孙后代可持续发展的道德责任。

概括起来,和平文化是一种广泛的、多层次的、整体的概念。它以和平为目的,以尊重所有生命为基础,需要秉持各种文化、意识形态和信仰之间的相互尊重、相互接受的信念集合体,是一种道德,一种个人和集体的精神状态,一种为人处世和做出反应的行动方式。

2.和平文化是一种行为模式

和平文化以和平为目的,并通过构建一种有利于和平的,能够从根本上消除冲突的政治、经济、文化和社会环境来实现这一目标。和平文化不仅仅是一种倡导的国际理念,还是一种国际行动模式。在构建和平文化的倡议下,联合国教科文组织通过两个方面起到领导和协调各成员国的关系:"一是通过认可各国联络点和扩展伙伴组织为'和平文化'运动提供合法性;二是通过提供一个交流的框架,便于各国参与者交流信息并作为'和平文化'运动的一部分在本国开展活动。"③大多数国家的政府行动主要体现在支持联

---

① 联大举行"和平文化高级别论坛" 潘基文呼吁普及深化人类共同拥有的价值观念[EB/OL].(2014-09-09). https://news.un.org/zh/story/2014/09/220732.
② 赵中建.教育的使命——面向二十一世纪的教育宣言和行动纲领[M].北京:教育科学出版社,1996:184.
③ 陈怀凡.国际上的"和平文化"运动[J].当代世界,2006(4):52.

大通过的有关决议，但是这些行动还没有更为积极地与创建和平文化联系起来。相比较而言，国际公民社会对创建和平文化的全球运动做出了积极的响应。国际公民社会主要通过宣传理念、青少年和平教育、参与解决冲突等方式开展活动。比如，在世界范围内开展宣传活动，推广和平文化的理念。全球范围内签署的《2000年宣言》，倡导尊重一切生命，摒弃暴力，慷慨奉献，为相互理解注意倾听对方，保护地球，重新创造团结的局面。在学校以和平文化为主体开展形式多样的文体活动，倡导非暴力的精神，培养青少年理解和宽容的品格。

我国政府和民间组织在脱贫攻坚，反对民族分裂，促进民主、人权、社会可持续发展，构建和谐社会，推动国家和平与发展等方面做了大量的工作。这些努力也都与和平文化倡导的理念是一致的。

总之，和平文化理念也只有真正地与追求和平文化的行动相结合，才能够更好地推进国际和平的实现。

(三) 对和平教育的启示

以上对和平的理解，给予国际理解中的和平教育很多启示。教育者首先应该意识到，要深刻地认识和平教育的主旨。和平教育不仅仅是教育公民为取得和平环境，消除直接的战争和暴力而采取的行动，还要特别关注政治、经济不平等带来的南北发展不平衡问题、环境和资源问题、人权和社会公正公平问题等。如果国际政治和经济不建立在平等、公平、正义的基础上，和平的世界就很难到来。其次，教育者要意识到和平教育总是和人权教育、民主教育及文化间的相互理解相联系的。和平教育是改变社会状况、创造未来和平的重要手段。它通过培养世界公民，倡导具有人类共同体意识的人交际往来，以促进国际社会平等、公平、公正等价值观的建立，以及文化间的相互理解及国际社会的发展。

和平意识有三个维度：第一，只有和平才能有美好幸福生活的和平主义思想；第二，和平需要国际社会共同努力才能实现，各国都有责任和义务维护和平;第三,保障本国国内走健康的发展道路,通过和平途径解决政治、经济、文化的冲突以保障世界和平。

二、文化民主:尊重文化多样性

(一)文化的实质

1.文化释义

在我国,"文""化"二字在甲骨文中就已经出现。"文"字之形是一个文身的人体,本义为花纹或者纹理。《易·系辞下》:"物相杂,故曰文。"① 《说文解字》:"文,错画也,象交文。"后来引申为包括语言文字在内的各种象征符号,进而具体化为文物典籍、礼乐制度、文采装饰、人为修养等。"化"字之形,像二人一正一反,本义为改易、生成、造化。《易·系辞下》:"男女构精,万物化生。"② 引申为变化、教化。"文""化"并用最早见于战国末年的《易·贲卦·象传》:"观乎天文,以察时变;观乎人文,以化成天下。"③ 意为治国者须观察天文,以明时序;观察人文,使天下人民遵从文明教化。在这里,"人文"与"化成天下"紧密联系,"以文教化"的思想已十分明确。西汉时,"文""化"合为一词。例如,刘向的《说苑·指武》:"圣人之治天下也,先文德而后武力。凡武之兴,为不服也,文化不改,然后加诛。"④ 此处的"文化",指与野蛮相对的教化。由此,在汉语系统中,"文化"的本义就是"以文教化",它表示对人的性情的陶冶、品德的教养,属于人的精神范畴。

"文化"一词在西方译为culture,来源于拉丁文,本义为土地的开垦及植物栽培,后来引申为对人的身体和精神的发展和培养,特别是对艺术和道德的培养,进而广泛指称人们的生活方式、

---

① 十三经注疏[M].阮元,校刻.北京:中华书局,1980:78.
② 同①,76.
③ 同①,25.
④ 说苑:下[M].王天海,杨秀岚,译注.北京:中华书局,2019:792.

思维方法及人们在征服自然和自我发展中创造的物质财富与精神财富。

最为经典的对文化的界定是英国学者泰勒。泰勒在《原始文化：神话、哲学、宗教、语言、艺术和习俗发展之研究》一书中写道："文化，或文明，就其广泛的民族学意义来说，是包括全部的知识、信仰、艺术、道德、法律、风俗以及作为社会成员的人所掌握和接受的任何其他的才能和习惯的复合体。"[①]

2.文化的本质是价值观

与文化紧密相关的概念是文明，两者常常可以混用。一般来说，一个文明社会必然由重要的文化产品、样式来显示。不同的文化产品、样式，也必然表明文明发展的不同进程。从这个意义上说，文明与文化是一回事。但严格意义上说，文明与文化又分指人类不同精神的状态，有着不同的内涵。

在现代社会科学中，文明是相对野蛮而言的，一般是指人类社会进步和开化的状态，主要表明的是人类借助科学技术等手段在多大程度上可以满足人们的基本需要、实现全面发展所达到的程度。也就是说，文明是人类改造客观世界和主观世界的成果，是人类社会进步的内容和尺度。文明发展的不同程度集中表现了一个国家和民族的发展水平及其在社会形态发展序列中的位置。

文化有广义和狭义之分。从广义上来理解，就是指文明。从狭义上来理解，文化是相对于自然而言，表明它不是天然的、自然而然的状态，而是人们改变世界（包括人自身）自然面貌而生成的。自然界原本就存在，如果没有人和人类改造的活动，就无所谓文化。自然存在的特点就是自在的，没有意志、没有目的、没有情感，不存在刻意的追求和造作。人的出现终结了自然界的纯自然性，使自

---

① 爱德华·泰勒.原始文化：神话、哲学、宗教、语言、艺术和习俗发展之研究[M].连树声，译.桂林：广西师范大学出版社，2005：1.

然界分化出不同于天然世界的人为世界。人以自己的自觉和自由意志，以自己的实践存在方式，从混沌的自然状态中独立出来，开始自己的创造性活动。人既按照自然的规律性，又按照自身发展需要和审美理想进行设计、创造，使自然合乎目的地改变。文化就是这种超越纯自然状态，而使自然"人化"的特殊状态，马克思称为"人化自然"。文化应当特指人的存在方式或存在状态。因此，文化的本质就是"人化"，即按照人的一定的需求改变环境、发展自己，也就是我们所说的价值观。

(二) 文化民主

1.文化民主

文化是人类群体活动的体现，是满足群体需要而创造的，为群体所享用，通过群体而传播与继承。从文化系统的深层结构来看，一个民族的精神文化，是该民族长期发展过程中的价值观念、思维方式、道德情操、审美情趣、宗教情感、民族性格等的综合体现，是民族文化的核心部分，是民族存在的"根"。所以，每个民族都有对本民族文化继承和发展的权利，都不能被强势文化吞灭。因此，文化民主，意味着每个国家、民族的文化都是在特定的自然和历史环境中长期积淀而成，有着其存在的理由及继续存在和发展的自由选择的权利。每个国家和民族的文化都饱含那个国家和民族对自己国家、民族深切的情感。

文化民主反对的是以西方为中心的文化殖民主义或者文化帝国主义。在文化殖民主义和文化帝国主义时期，资本主义文化凭借西方国家的军事征服、政治渗透、经济控制及强大的科学技术优势，不断自我扩张，成为一种强势文化，进而成为世界文化格局中的中心，使非西方文化边缘化，形成了中心与边缘的文化张力。从民族中心主义的心理态势出发，西方文化主体以自己的文化话语作为解释一切非西方文化的基础和核心话语，使西方文化成为一种元叙事和基础性话语结构。特别是在人类学研究中，它甚至成为研究和解释非西方民族原始文化的元逻辑话语。文化殖民主义和文化帝国主义具有现代主义文化之基础主义、中心主义和整体主义特征——它总是把西方文化看作一切文化之基础、理想、中心和整合基准。文化全球化既是对文化殖民主义和文化帝国主义造成的西方文化中心性的消解，又是对各种不同文明异质性的凸显。

2.文化的形成

文化的形成，与地理环境的多样性及人们实践活动的选择性密切相关。前者在人类的早期起着近乎决定性的作用，后者伴随着人类自身的不断发展，起着越来越重要的作用。

地理环境作为文化形成的重要因素，使得各地区、各民族的文化具有不同于其他地区的独特风采，展现出文化的多样性。文化的本质是"人化"，即人按照自己的需求及能力，为满足自身需要创造出自己属人的生存空间和精神空间。作为人生存的物质基础，有着不同地域特征的地区，形成了具有自己地域特点的典型文化，产生了自己的宗教信仰、民族习俗、生活习惯等。

比如，建造一个地区的民居，要对当地的自然环境有所认识。而同一个地域，由于信仰不同，所建房屋的样式也有所不同；由于身份地位的不同，建筑物也有所不同。同此，物质文化的形成，就是这种凸显人的认识能力与实践能力基础上的选择性与创造性。因此，文化体现为一种人的价值追求与精神力量，这是文化多样性形成的内在因素。每一种文化，都是人与自然、人的物质需求与精神需求、宗教信仰及实践能力交织在一起互动的产物。每个族类所具有的特色文化，都凝结着该族类人们的生存智慧和价值追求。

由此，在与异域文化的人相接触时，我们持有的态度应该是，要有宽阔的胸怀和对他人的理解，同时要懂得对自己的文化进行反思，明白它的来历，这样才能取长补短，促进世界和平。正如联合国教科文组织所倡导的："多元化社会和多文化世界的公民，应能承认他们对形势和问题的解释根植于他们个人的生活、他们社会的历史以及他们的文化传统；其结果是，没有一个人或群体掌握了解决问题的唯一答案，而且对每一个问题或许都有不止一种的解决方式。因此，人们应该相互理解相互尊重并以完全平等的地位进行磋商，以期寻求一种共同的基础。这样，教育就必须加强个人的特性并鼓励集中那些能增强个人和民族之间的和平、友谊和团结的各种思想和解决方法。"①2015年7月，联合国教科文组织发布了《反思教育：向"全球共同利益"的理念转变？》的研究报告。该报告强调，要在相互依存日益加深的世界实现可持续发展，就必须将教育和知识视为全球共同利益。报告指出："可以将共同利益定义为'人类在本质上共享并且互相交流的各种善意，例如价值观、公民美德和正义感'……共同利益是通过集体努力紧密团结的社会成员关系中的固有因素。"②

（三）尊重文化

尊重不同国家、民族的文化，是尊重个体差异性的延伸。尊重一个国家、民族的文化要有这样的基本认知：尊重意味着完整接纳，即无条件地接纳。其核心就是对他国、他民族的文化形成的地理环境、经济发展水平、宗教信仰、风俗习惯、价值观念等各个方面有充分的了解。对异质文化先不要做评价，而是相信其之所以有今天这样的状态，是因为它们凝结着该地区人们的生存智慧、价值追求。尊重意味着一视同仁地平等对待，其内在的价值需要被肯定。尊重需要友好地对待对方。尊重意味着信任对方。当不同文化的观点或者行为方式相冲突时，人们会相信异质文化可通过自身努力进行自我调节、自我发展，最终解决冲突。

伴随着全球一体化进程的加快，国与国之间在政治、经济贸易

---

① 赵中建.教育的使命——面向二十一世纪的教育宣言和行动纲领[M].北京：教育科学出版社，1996：194.
② 联合国教科文组织.反思教育：向"全球共同利益"的理念转变？[M].联合国教科文组织总部中文科，译.熊建辉，校译.北京：教育科学出版社，2017：69.

上的相互依存会越来越紧密，整个世界被压缩成一个统一整体。不同文化之间、拥有相同或不同文化的两个个体之间、现实和历史之间要想和平共处，就需要对话，进而达成相互的理解。但是，由于地理环境、宗教、生活习俗的不同，各个民族形成了各具特色的文化系统。每个文化系统的创立都是民族文化凝聚的体现，世代相传，融进了民族情感和民族精神。因此，文化的消亡，不仅仅体现为某一文化物的消亡，更体现为蕴含在文化物中的民族精神、民族情感的消亡，因而受到的抵触也最为强烈。在同一文化系统内部，其文化的逻辑、内涵被其成员普遍接受，分歧较少。只有在差异化的文化系统间，隔阂、不解、矛盾才会大量产生，这就需要人类有意识地加强了解，进而增进相互理解，达到以和平的方式解决冲突。尊重一切与自己不同的、他国的、他民族的自然和文化，并且把这些自然和文化差异的存在当作达成促进人类交流的基础和创造人类共同未来的丰富资源，这是当代人应该建立起来的价值观。尊重其他国际和民族的文化，就意味着愿意了解他国的文化和民族传统习惯，并维护其享有自己国家的语言、思维习惯和其他文化形式表现出来的精神追求的权利，避免那种类似法国作家都德《最后一课》中描述的事情再次发生。被普鲁士军队占领的法国阿尔萨斯的一个小学校被迫改学德文，这就是不尊重法国人民使用自己语言的权利，以及语言内含着的深厚的国家和民族感情。

三、可持续发展：基于生命尊严的全球行动

（一）可持续发展

1.可持续发展的历史演进

进入19世纪以来，科学技术以前所未有的速度和规模迅猛发展，增强了人类改造自然的能力，给人类社会进一步发展准备了必要的物质技术条件。由此，人们产生了盲目乐观的情绪，认为人类已经成为大自然的主人，可以长期掠夺资源而不会受到大自然的

惩罚。然而，这种掠夺式生产已经造成了生态和生活的破坏，大自然向人类亮起了红灯。直到20世纪50年代，人类仍以追求经济增长、物质财富增加、生活水平提高为最终目标；一切目标就是围绕经济增长，认为只要经济增长，就是社会发展了。60年代以后，人们开始认识到经济增长和发展并不是同一个概念。美国海洋生物学家卡森出版了《寂静的春天》，这本论述杀虫剂——特别是滴滴涕——对鸟类和生态环境造成毁灭性危害的著作提出的有关生态的观点最终被人们接受。1972年"罗马俱乐部"发表《增长的极限》的报告，预言：在未来一个世纪中，人口和经济需求的增长将导致地球资源耗竭、生态破坏和环境污染。除非人类自觉限制人口增长和工业发展，否则这一悲剧将无法避免。1987年，联合国世界环境与发展委员会发布了长篇报告《我们共同的未来》，其中首次界定了"可持续发展"的定义，即"既满足当代人的需要又不危及后代人满足其需要的发展"。1992年6月，在巴西里约热内卢举行的联合国环境与发展大会上，来自全球178个国家和地区的领导人通过了《21世纪议程》《气候变化框架公约》等一系列文件，明确提出可持续发展的战略，并承诺将之付诸全球。可持续发展战略的核心是经济发展与保护资源、保护生态环境的协调一致，让人类子孙后代能够享有充分的资源和良好的自然环境。可持续发展是一个长期的战略目标，需要人类世世代代的共同奋斗。当前是从传统经济增长到可持续发展的转变时期，因而最近几代人的努力是成功的关键。

2.可持续发展的基本内涵

从字面来看，可持续发展包括发展与持续性两个方面。发展是核心，是基础；持续性是关键。没有发展，也就没有必要去讨论是否可持续了；没有持续性，发展就将终止。可持续发展是发展与可持续的统一，两者相辅相成，互为因果。放弃发展，则无可持续可言，只顾发展而不考虑可持续，长远发展将丧失根基。可持续发展战略追求的是近期目标与长远目标、近期利益与长远利益的最佳兼顾，经济、社会、人口、资源、环境的全面协调发展。概括起来说，可持续发展涵盖生态可持续发展、经济可持续发展和社会可持续发展三个方面。

（二）可持续发展教育的核心观念

在可持续发展观的指引下，世界各国开展了丰富多彩的可持续发展教育实践。可持续发展教育本质上是价值观的教育，其核心是尊重，即尊重当代人和后代人；尊重环境；尊重我们居住的星球上的资源。教育使我们能够理解自身与他人，以及人类与自然和社会环境的联系。

1. 尊重当代人与后代人

尊重当代人和后代人的基本要义是将人的全面和谐发展作为可持续发展的终极目标；将"以人为本"作为实现可持续发展的首要内容；将实现"代内"可持续发展作为实现"代际"可持续发展的必要基础。

可持续发展要把改造人放到首位。这是因为，人作为主体，而其他自然物是作为人存在发展所必需的"环境"身份而存在的。人的活动不但有破坏生态环境的负效应，同时也有自觉地保护环境、改善生态平衡的责任能力和积极成果。因此，要从协调人与自然关系的角度出发改造人，使人得到全面、可持续发展。而要真正实现人发展的可持续，除了要处理好局部利益与人类整体利益的关系外，还要处理好代与代之间的利益关系。要把发展的权利与发展的义务统一起来，既要实现和维护当代人的发展权，又不能剥夺后代人的发展权。发展的目的是所有时空的人，不能以牺牲后代人为代价谋取眼前利益是可持续发展价值观的"代际公平"观。

2. 尊重差异性与多样性

尊重差异性与多样性的基本要义是：尊重差异性是维护可持续发展的动力源泉；尊重多样性是维护可持续发展的物质基础；弘

扬本土文化是尊重文化多样性的重要前提；尊重文化多样性是培育可持续发展的精神动力。

差异是世界万物的主要存在形式。正是由于差异的存在，万物才有了相互比较、相互吸引、相互联系、相互融合的必要和可能。差异性和多样性，是产生矛盾的基础，但这并不意味着会发生激烈的矛盾冲突。关键是如何对待差异、怎样看待多样。尊重差异是实现和谐共处的前提，包容多样是实现互补创新的保证。承载不同文明、不同文化的国家和民族，在竞争比较中取长补短，在求同存异中共同发展，是尊重差异、包容多样的题中之义。尊重差异、包容多样，同样是实现民主、平等、公平、正义、诚信需要遵循的原则，也是最大限度地激发社会活力、调动一切有利于维护世界和谐因素的基本保证。

3. 尊重环境

尊重环境强调的是以"责任"为主体的价值观体系。尊重环境把人与环境的伦理关系放到了一个重要位置。其基本要义是：将保护环境确立为可持续生活方式的基本行为准则；将尊重其他生物生存权作为环境伦理观的重要内容；将防灾减灾教育作为保证环境安全的重要环节。人类必须对环境及其连带的公共利益承担责任。

4. 尊重地球资源

尊重地球资源强调的是以"珍惜"和"节制"为主体的价值观。其基本要义是：将节约资源确立为可持续生活方式的基本行为准则；将循环经济确立为保证经济可持续发展的基本模式。地球资源是人类赖以生存和发展的基础。地球上的自然资源是有限的，地球—生命—人类系统的平衡与物质的生产和调节能力也是有限的，人类必须在地球资源容量允许的范围内谋求发展的目标，在自然系统平衡的限度内开发资源，科学、合理地利用资源，尤其是珍惜和节制对非再生资源的使用和开发，完善资源的使用方式和开发方式。

在社会、文化、环境、经济等领域倡导以上"四个尊重"的基础上，可持续发展教育还力图促进尊重全世界所有人的尊严和人权，承诺对所有人的社会和经济公正；尊重后代人的人权，承诺代际间的责任；尊重和关心大社区生活的多样性，包括保护与恢复地球生态系统；尊重文化多样性，承诺在地方和全球建设宽容、非暴力、和平的文化。

无论是和平文化，还是文化民主，都是基于对人的生命的尊重。追求和平，是为了让生命免受暴力的摧残甚至毁灭，让生命获得尊严；文化民主是对一个民族精神生命的肯定。此外，我们在关注人类生命的同时，还要用极其自觉的力量最大限度地关注大自然中的其他生命及生存环境，学会与其他生命及大自然友好和谐地相处。要尊重和维护自然赋予每一种生命的生存权利，因为生存和发展是生命展现其最大力量的方式。

第四章　国际理解教育的实施策略

教育的实施策略，一般是指根据形势的需要和发展而制定的行动方针和问题的解决方法。在教育过程中，为了实现某一个目标，教育者根据可能出现的问题制定若干对应的方案，并且在实现目标的过程中，根据形势的发展和变化完善方案，或者选择相应的教育实施方案，最终实现目标。基于上述阐述，我们对国际理解教育的实施策略可以理解为：教育者为了在学生内心树立起民主、和平等价值目标，增进各国文化间的相互理解而制定的若干教育行动方针和实施方案。在实现国际理解教育目标的过程中，教育者根据不同的学习类型或者根据现实社会中出现的文化冲突问题选择相应的教育教学方案，最终达成培育学生的国际理解素养目标。

第一节　渗透型实施策略：国家课程体系中的国际理解教育

在我国的基础教育中，学科渗透型教育策略是实施国际理解教育最基本也是最容易全面开展的教育实践方法。因为它是在不改变学校原有的教学计划、教学行程和教学人员的前提下，对中小学生进行的国际理解教育的行动策略。也就是说，实施主体是学科教师，涉及变动的因素少，相对容易实施。在当今多元的社会背景下，从广泛的意义上说，国际理解已经纳入中国学生发展核心素养教育中，该教育在基础教育的国家课程里有很多交汇点，这也正是国际理解教育在基础教育的学科教学中能够采取渗透型实施的基础。

一、国际理解教育实施学科渗透的必要性和可行性

（一）国际理解教育实施学科渗透的必要性

国际理解教育是现代教育在世界各国政治、经济、文化、社会等全球化的背景下，应对全球化带来的民族、国家间文化的不理解导致冲突乃至战争的举措。因此，它也成为现代教育一项基础性教育内容。全球化带来的国际理解教育不是淡化或掩盖现实世界不同国家和民族之间存在的矛盾与冲突，而是帮助学生在现实形势下建构国际理解教育的核心观念、培养国际理解交往能力和学习解决国际争端的基本方式。主动了解不同文化间的差异，学会找寻形成文化差异背后的原因，揭示差异背后的同一性，包容与本民族不同的文化，形成人类命运共同体的理念和共生共存的观念，尊重文化的多样性，拥有文化的自豪感与尊严是国际理解教育的重要目标。

社会上一种新的理念会伴随着时代的变革和社会的发展产生，并对基础教育有所要求。比如，可持续发展、世界遗产保护、文化多样性等理念的教育都具有很强的时代性。国际理解教育理念也是根据全球化时代发展的新需要，被纳入当今的教育系统中的。特别是基础教育，让学生从小站在全球视角，看到人们越来越密切的相互关系，建立人类命运共同体的意识，把共存共生作为国际交流的立足点，对他们的未来发展大有裨益。

（二）国际理解教育实施学科渗透的可行性

基础教育的学科教学都是以课程来实现的。国际理解教育由于是新兴的教育理念，教育内容体系还有待系统开发，系统性的理

论、课程标准、教学指导说明、教材等还未建立起来，且由于知识的综合性强，一些知识性内容可能会与其他学科的内容有交叉，因此，在我国基础教育的三级管理课程建制中，国际理解教育还不能纳入国家课程单独设置的范围。国家课程设置以学科为取向，因此，国际理解教育没有单独设置的条件。

然而，国家课程在整个基础教育的三级管理课程体系中，所占课时的比例最高，地位突出，且是基于公民素质的基本要求而设置必须完成的。国家课程也往往以必修课和国家统一考试的形式出现，成为所有基础教育的各类学校非常重视的课程。《普通高中课程方案（2017年版2020年修订）》的培养目标之一"具有自主发展能力和沟通合作能力"，指出：学生要"学会交流与合作，具有团队精神和一定的组织活动能力，具备全球化时代所需要的交往能力。尊重和理解文化的多样性，具有开放意识和国际视野"[①]，这意味着高中所有学科都要在适合的内容中落实这个目标。如果在国家课程中不进行国际理解教育的话，那么，国际理解教育必然会陷入不被重视、随意处置的尴尬境地，这会影响基础教育育人目标的达成，学生核心素养就会有所缺失。

我国对这类新兴的教育理念在国家课程实施中，基本上根据每个学科自身的特点，采取把此类教育的理念散落在学科课程标准中，以期在各学科教学实践中及相关的内容学习中落实这些理念，这也使得国际理解教育成为国家课程中学科教育的一项内容。正因为基础教育绝大多数学科都具有与国际理解教育目标、内容等相符合的契合点，在学科教育教学实践中，国际理解教育采取在各学科中渗透式的实施策略才有可行性。

---

① 中华人民共和国教育部.普通高中课程方案（2017年版2020年修订）[M].北京：人民教育出版社，2020：3.

二、国际理解教育学科渗透的原则

国际理解教育的学科渗透是指教师在学科教学中，有机融入国际理解教育的内容，以文本或活动等多种方式对学生进行潜移默化的国际理解教育的教学方式。国际理解教育的学科渗透与国际理解教育的专门课程不同，有其学科渗透的基本原则。

（一）保证学科基础性目标实现的原则

我国基础教育的国家课程均以学科为依据进行设置，如数学、物理、化学、语文、政治、地理、历史、英语、音乐、美术、体育等学科。每个学科都有其独立的学科知识和教育目标。学科教学首先要完成学科自身规定的教学内容，这是学科教学的基本要求。学科教学如果因为渗透某种教育理念，便把学科自身的特质和要素丢掉了，那就失去了学科教学的特色和意义。因此，保证学科基础性目标的实现，是国际理解教育渗透的基本原则。

（二）有机整合学科教育与国际理解教育内容的原则

国际理解教育的学科渗透是以学科为载体来实现的，有效的渗透必须把学科教学内容与国际理解教育的理念有机结合，否则就会变成"两张皮"，有生拉硬扯之嫌。

国际理解教育是以文化为主线，寻求不同文化间的相互理解。它涉及的文化内容非常广泛，包括一个国家或民族的历史、地理、风土人情、传统习俗、生活方式、文学艺术、行为规范、思维方式、价值观念等在内的各种文化现象。每一个文化现象都有很丰富的知识蕴含其中，那么对文化间的理解就应该有相应的地理、历史、宗教、人类学、经济学、政治学、文化学、科学等在内的综合性知识的学习和了解。比如，世界各地的人们为什么戴不同的帽子？为什么喜欢吃不同的食物？要想理解这些问题，需要有相关的地理、历史、宗教、物理、科学等综合性知识。而基础教育的课程按照学科取向设置，每个学科内容都具有独立的知识体系，国际理解的相关知识内容在多学科知识中都有所体现，因此，在学科中渗透国际理解有很大的空间。也就是说，要充分挖掘学科教育与国际理解教育内容的交集，这些内容既是学科需要完成的教学内容，又体现国际理解教育的内容。这样才能使学科教育与国际理解教育的学科渗透形成一个有机的相融的整体。

（三）体现学科教育人文价值的原则

有些老师认为，国际理解教育只有在人文学科才可以渗透，因为人文学科中，或多或少有国际理解教育的相关内容，数学、物理、化学等学科则无法渗透。这种认识只看到了国际理解教育学科渗透的内容层面。事实上，有些学科虽然没有国际理解教育中的显性知识内容，但是在情感态度价值观上，即我们说的育人目标上，有很多交集。国际理解教育可以在一定程度上提升学科教育的人文价值。

国际理解教育的目的是在全球化背景下异质性文化间交往中，培养对不同文化理解的具有世界资质的公民。开展国际理解教育必须具备两个最基本的思想准备：一是要充分认识到人类应该能够相互理解、相互宽容；二是承认各民族及个人的生存方式与思维方式的不同，对这些不同要予以充分的认识、理解与尊重。一个民族的语言、宗教、生活习俗往往与这个民族长期共同生活所形成的对本民族最有意义的事物的肯定性体认有关，即对一个民族基本价值的认同，它不是一个简单的生活习俗形式上的差异问题。以某种文化或文化载体作为凝聚该民族共同体的精神纽带，是这个民族共同体生命延续的精神基础。在当今经济全球化的时代，民族文化认同，即民族核心价值观的认同成为综合国力竞争中最重要的"软实力"。因此，在我国的国际理解教育中，理解和宽容态度的培养，以及学会关心、学会尊重、学会生存等的教育，实际就是在全球化背景下的国际理解态度及价值观的教育。文化的核心在于价值观，文化发展的关键在于对价值观的批判与继承、弃旧与立新。而各个学科教育的最终目的不仅仅是使学生获得学科的相关知识，更为重要的是在知识的学习过程中，体会每个学科蕴含的人文主义价值观。而这一目标又与国际理解中的价值观教育有了交集。

三、国际理解教育学科渗透的基本策略

国际理解教育的学科渗透是建立在对当今基础教育国家课程设置现状及对国际理解教育目标分析基础上的。它主张通过寻找并挖掘学科的内容、人文价值，把国际理解教育的理念渗透到基础教育的各个学科教学中。

（一）学科相关内容的渗透性教学策略

1. 充分挖掘学科目标和内容与国际理解教育的融合点

课堂教学目标是教师进行课堂教学的灵魂，是教师有效实施课堂教学的基础。任何一个学科都有自身要完成的教学任务，教学目标就是学科教学要做什么，达到什么目的的明确表达。为此，我们梳理了义务教育各学科课程标准中的目标和内容，发现各学科或多或少都与国际理解教育目标或者内容有交叉点，这为国际理解教育的学科渗透奠定了基础。详见表4-1。

表4-1　义务教育各学科课程目标与国际理解教育契合的内容

学科	义务教育各学科课程目标与国际理解教育契合的内容
语文	义务教育语文课程"文化自信"的核心素养是指"学生认同中华文化，对中华文化的生命力有坚定信心。通过语文学习，……关注和参与当代文化生活，初步了解和借鉴人类文明优秀成果，具有比较开阔的文化视野和一定的文化底蕴"。通过义务教育语文课程的学习，学生能够"关心社会文化生活，……感受多样文化，吸收人类优秀文化的精华"。①

---

① 中华人民共和国教育部.义务教育语文课程标准（2022年版）[M].北京：北京师范大学出版社，2022：4，6.

续表

学科	义务教育各学科课程目标与国际理解教育契合的内容
历史	通过义务教育历史课程的学习,学生能够"了解人类文化的多样性,理解和尊重世界各国、各民族的文化传统,认识中国历史与世界历史相互关联;了解中华文明对世界文明进步作出的突出贡献,体现立足中国、面向世界的视野和胸怀,初步树立构建人类命运共同体的意识"。①
道德与法治	通过义务教育道德与法治课程的学习,学生应该能够"关心时事,热爱和平,初步具有国际视野和人类命运共同体意识"。②
英语	义务教育英语课程的性质:"学习和运用英语有助于学生了解不同文化,比较文化异同,汲取文化精华,逐步形成跨文化沟通与交流的意识和能力,学会客观、理性看待世界,树立国际视野,涵养家国情怀,坚定文化自信,……" 通过义务教育英语课程的学习,"培育文化意识。能够了解不同国家的优秀文明成果,比较中外文化的异同,发展跨文化沟通与交流的能力,形成健康向上的审美情趣和正确价值观;加深对中华文化的理解和认同,树立国际视野,坚定文化自信"。③
艺术	文化理解是艺术课程要培养的核心素养之一。"文化理解是对特定文化情境中艺术作品人文内涵的感悟、领会、阐释能力。文化理解包括感悟艺术活动、艺术作品所反映的文化内涵,领会艺术对文化发展的贡献和价值,阐释艺术与文化之间的关系。文化理解的培育,有助于学生在艺术活动中形成正确的历史观、民族观、国家观、文化观,尊重文化多样性,增强文化自信。" 通过义务教育艺术课程的学习,学生应达成"了解不同地区、民族和国家的历史与文化传统,理解文化与构建人类命运共同体的关系,学会尊重、理解和包容"的目标。④

---

① 中华人民共和国教育部.义务教育历史课程标准(2022年版)[M].北京:北京师范大学出版社,2022:8.
② 中华人民共和国教育部.义务教育道德与法治课程标准(2022年版)[M].北京:北京师范大学出版社,2022:9.
③ 中华人民共和国教育部.义务教育英语课程标准(2022年版)[M].北京:北京师范大学出版社,2022:1,5.
④ 中华人民共和国教育部.义务教育艺术课程标准(2022年版)[M].北京:北京师范大学出版社,2022:6,7.

续表

学科	义务教育各学科课程目标与国际理解教育契合的内容
物理	通过义务教育物理课程的学习,学生"能关注科学技术对自然环境、人类生活和社会发展的影响,遵守科学伦理,有保护环境、节约资源的意识,能在力所能及的范围内为社会的可持续发展作出贡献,具有实现中华民族伟大复兴的责任感与使命感"。①
地理	通过义务教育地理课程的学习,"学生能够初步认识地理环境是人类生存的基础,人类活动深刻影响着地理环境,协调人地关系是人类社会可持续发展的必然选择;能够运用所学的知识、方法和工具,面对世界、中国、家乡出现的人口、资源、环境和发展问题,作出初步的分析和评价,并具有遵守相关法律法规的意识;能够立足家乡、胸怀祖国、放眼世界,初步树立人与自然和谐共生的观念"。②
生物学	通过义务教育生物课程的学习,学生"初步形成生态文明观念,践行'绿水青山就是金山银山'的理念,积极参与环境保护实践,立志成为美丽中国的建设者"。③
科学	通过义务教育科学课程的学习,学生应该能够达到"热爱自然、珍爱生命,具有保护环境、节约资源、推动生态文明建设和可持续发展的责任感"的目标。④

2.国际理解教育的学科内容渗透策略

语文课程应培育学生热爱祖国语言的思想感情,指导学生正确地理解和运用祖国语言,丰富语言的积累,培养语感,发展思维,使他们具有适应实际需要的识字写字能力、阅读能力、写作能力和口语交际能力。如果在语文课中渗透国际理解教育的内容,可

---

① 中华人民共和国教育部.义务教育物理课程标准(2022年版)[M].北京:北京师范大学出版社,2022:6.
② 中华人民共和国教育部.义务教育地理课程标准(2022年版)[M].北京:北京师范大学出版社,2022:6.
③ 中华人民共和国教育部.义务教育生物学课程标准(2022年版)[M].北京:北京师范大学出版社,2022:7.
④ 中华人民共和国教育部.义务教育科学课程标准(2022年版)[M].北京:北京师范大学出版社,2022:7.

以选择描写不同民族文化的篇章，提示学生体会不同民族的精神和情感表达的差异性，建立起对不同民族文化不同表达的理解和尊重；或者在不同民族的精神和情感中挖掘人类共同的价值追求，领会国际理解是基于和平文化理念而建立起来的，和平是人类共生共存的需要，即在完成语文教学的基础上达到国际理解教育理念的升华。

在历史教学中，新航路开辟所引发的全球性流动、人类认识世界的视野和能力的改变，以及对世界各区域文明的不同影响，可以让学生理解新航路开辟是人类历史从分散走向整体过程中的重要节点，这些历史内容都是国际理解教育的重要内容。七年级历史课中，中国古代和罗马帝国通过丝绸之路进行的和平贸易，极大地促进了东西方文明的发展。据记载，海上丝绸之路开辟以来，与我国福建泉州有经济和文化交往的国家和地区有120多个。泉州作为中世纪世界上最开放的城市之一，曾经吸引了无数追求商业利益的外国人，不同民族的不同文明在这里相遇，世界各大宗教信仰在这里汇聚。佛教、道教、伊斯兰教、基督教等多种宗教并举的格局，直到今天还都能找到踪迹。不同种族、不同肤色、不同建筑风格、不同宗教信仰构成的生活和谐景象体现了文化的多元与包容。泉州用海纳百川的博大胸怀，吸纳接受各种外来文化，让我们看到的是一种多元文化共存的和谐环境。

在小学音乐课上，学唱南方民歌小调《茉莉花》。《茉莉花》旋律优美，委婉流畅，感情细腻，可以让学生联想起茉莉花的洁白无瑕，甚至还可闻到一股沁人心脾的芳香，把学生带进优美的旋律中，体会我国民族艺术独特的亦诗亦画的意境和审美追求。学生学唱具有典型民族特色的《茉莉花》，能很好地让学生了解祖国丰富多彩的民族风情与地域文化，并把这种态度迁移到对待其他国家和地区的文化中去。2004年，在雅典奥运会闭幕式上，作为下一届奥运会承办城市的北京有八分钟的演出，中国的艺术家借此将《茉莉花》向全世界人民展示。意大利著名作曲家普契尼在他的歌剧《图兰朵》中以《茉莉花》的主旋律为主题再一次展现了神秘而美丽的中国。这些背景资料的展示，可以让学生体会到"只有民族的才是世界的"这句话的丰富内涵。当然，这里的"民族的"，一定是一个民族优秀传统文化的体现。只有这些优秀的民族文化，才可能是世界文化的绚丽花朵。

（二）挖掘学科主题的渗透性教学策略

由于国际理解是关乎不同民族文化间的理解，指向的是民族的精神世界的人文素养，具有很强的综合性特点，其主题教育的内容多具有跨学科的性质。具体来讲，国际理解教育的主题有：追求和平，以合作的方式解决冲突，建立共赢的观念；每个民族的传统文化都是该民族智慧的结晶，传承与发展民族文化，学会珍惜本民族文化和欣赏他民族文化及其情感；以尊重、理解、宽容的态度面对不同的民族文化（见图4-1）。在学科教学中，只有注意挖掘以上主题，才有利于国际理解教育在其他学科的渗透。

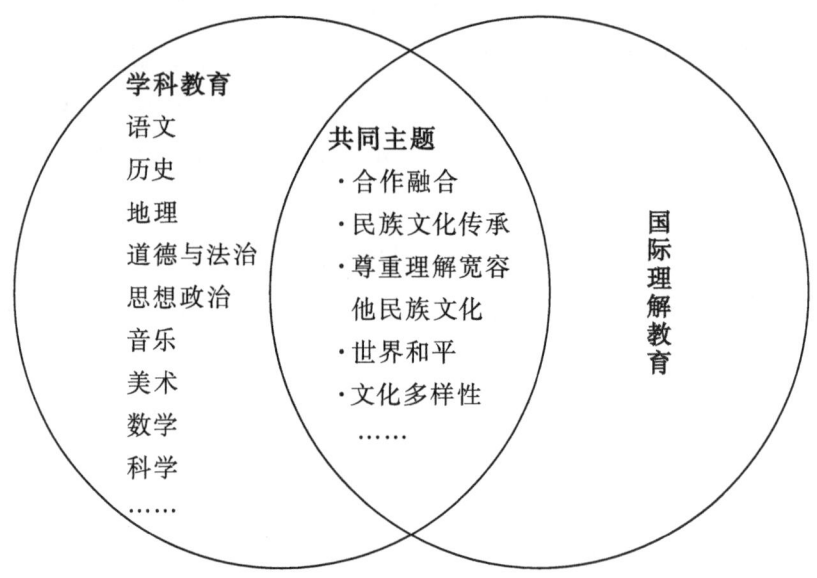

图4-1　国际理解教育在各学科主题的渗透

比如，许多中小学开设了书法课。中国特有的书法艺术是以汉字为基础、用毛笔书写的、具有四维特征的抽象符号艺术，它融入了中国人独特的精神追求、审美旨趣和文化修养。中小学开设书法课的主要目的，不仅是让学生从小写一手好字，更为重要的是让学生通过书法艺术了解我国灿烂的民族文化，感受蕴含在书法中的民族情感和精神意韵，进而增强对本民族的认同感和自豪感。在民族文化传承这个主题上，书法教育与国际理解教育就有了对接点。

统编版《道德与法治 五年级 上册》第三单元是关于民族团结方面的教育内容，其中一个主题是"互相尊重 守望相助"，通过不同的民族节日的外在形式——吃、穿、用的不同传统，折射出不同民族在节日中对美好生活渴求的共性。民族团结是以理解为基础的，当我们从民族节日的不同寻找到其内在的共性时，就可以感受不同民族蕴含在节日中的内在的共同精神追求，进而增进对其他民族文化的认同与理解，并在与其他民族或国家的人民进行交往的过程中，以尊重、欣赏的态度看待各国的节日风俗，让文化多样性的意识根植于学生的心田。文化的差异性与统一性这个主题，也正是国际理解教育的一个主题。在过去的教学中，我们可能更为注重文化差异性的教育，就跨文化理解来说，在看到文化的差异性的基础上，深挖差异背后的统一性，这是跨文化理解及形成人类命运共同体意识的关键点。

（三）情境创设式的渗透性教学策略

一般来说，在渗透性教育中，学科知识是显性教育内容，被渗透的内容是隐性的线索。国际理解教育在学科教学中的位置就是隐性教育、教学的辅线。国际理解教育与学科教学的关系应该理解为：学科教学给国际理解教育提供了一个平台，国际理解教育在一定程度上可以提升学科教学的教育价值。如果在学科中没有国际理解教育的相关主题，教师可以通过创设情境的方式进行国际理解教育的渗透。情境创设式的渗透适合于一些类似数学、物理、体育等学习领域，本节课所有讲的学科的教学目标、教学内容都不涉及国际理解教育的内容，教师可以通过情境的创设，让学生进入一个既有学科学习又有国际理解教育的氛围中，促使学生建构起学科学习的意义世界。

小学体育课有通过障碍跑锻炼学生体能的教学内容。如果不激发学生对障碍跑和体能提高的内在动力，障碍跑就变成了机械的体能训练。

笔者听过一节小学生50米障碍折回跑的体育课。

创设的情境：国际救助队员穿过毁坏的道路，去地震灾区救回伤员的情境。

教学准备工作：用哑铃等教具作为崎岖道路的创设，模拟了灾区毁坏的道路。道路尽头，跨栏用的铁架子倒置在地上，形成三脚架，伤员就等在这个地方。

布置体能训练任务：把体能训练设计进灾区救助伤员的任务中。

1. 班级分为四个救援小组，每个小组代表一个国家。每个小组成员要通过崎岖的道路（有路障，道路曲折）齐心协力把伤员从灾区救回来。这是一个折回障碍跑的训练。

2. 小组一位学生在道路另外一边当伤员，小组先协商如何救助，然后再进行行动。

3. 几个小组同时进行，看哪个小组最先把伤员安全救出来。

这个设计不仅使障碍跑的学习和训练成为一种现实的需要，还强化了沟通交流、协商合作能力的训练，大大提升了学生学习障碍跑的教育价值，从而使体能和技能训练变成了有意义的社会行动，很好地实现了体育课的障碍跑的体能训练，又体现了国际理解教育的意义。

笔者听过一节书法课，内容是：学会写"和"字，利用横条幅书写"天地人和"。教师力求在常态书法课教学中，以润物细无声的教学手法渗透国际理解教育，并使学生在体验书法美的同时，调动起他们的真情实感去体会：和平的美好、善待与接纳他人的温暖与美好，初步建立学生尊重生命、追求和谐的价值观。

第一个环节：写"和"字，体验"和"字背后所蕴含的意义。

情境创设：选取视频——2008年北京奥运会开幕式中"和"字三次演变的片段。以引起学生思考，在北京奥运会这个国际体育盛会上，我国之所以要向全世界展示"和"字，就是展现人类共同的价值观——追求和平、和谐。

请同学们用"和"字组词，让学生能够在他们经验的基础上，进一步感受到和平、和谐、和睦……这些都是人类永远不变的渴求。

第二个环节：分析"和"字的间架结构、笔画形状，进行临摹试写。这时，学生还以为只是学写"和"字，完成书法课的目标。

第三个环节：教师展示世界上"和谐"与"不和谐"的画面（图片），为学生讲述图片中的故事，给学生以强烈的听觉、视觉冲击。调动学生的真情实感，并激发学生书写"天地人和"条幅时的美好情感。

第四个环节：评价自己和他人的书法作品，接纳不同，接纳他人。

这节书法课巧选北京奥运会上"和"字的情境，凸显国际理解教育的观念。我们都知道，在教学中生硬的说教会让学生产生厌烦的情绪。如果只是简单地把字的意蕴告诉学生，则无法引起学生情感上的共鸣。因此，教师改变了以往的以"字"入教而实施以"情"入教的做法，渗透了国际理解教育提倡的"人的教育"的理念，调动了学生的自我情感体验，让学生通过书写"和"字感受情感、表达情感。教师在教学导入、学生书写、自评他评的环节，层层深入设置教学情境，调动了学生的真情实感，情感体验经历了感受"和"的美好—体会"不和"的凄惨—激发创造"和"的美好的情感。学生入境抒情，升华情感，建立正确的情感态度价值观。教师只有以一种大文化观来看待书法教学，才能深刻地感受到书法的博大精深：书写的载体——汉字，历经千年的演变至今人们仍在使用；独特的书法艺术集笔墨纸砚的魅力于一体；白纸黑字所描述的文字意蕴深长……这些都是超越笔画本身的内涵。作为中国人应该以懂汉字、能写出漂亮的汉字为荣耀。如果学生对这些书法背后的文化能够深入地了解与体验，并通过书法课将这些文化内涵升华为他们的认识与理解，一定会大大提升学生们对自己本民族文化的自豪感。只有先产生对本民族文化的热爱与认同之情，才有可能对自己不同的文化产生共情，更好地接受他国文化，乃至学会用欣赏的眼光看待差异，这正是国际理解教育的基本观点之一。

有些老师会认为，学科渗透国际理解教育与人文学科有关，与数学或者自然科学无关。这个认识只看到了学科本身的具体知识，没有看到学科本身的文化价值。笔者曾经听了一节小学数学课：对"圆"的各个部分及特征的学习。

创设情境：学习制作转盘。

学习过程：

1.初步感知"圆"形：怎样画"圆"呢？——实物、圆规；尝试用圆规画两个"圆"，并比较两次"圆"的大小不同的决定因素——半径。

2.在操作中研究直径：怎样把"圆"分成等分的8份？理解"圆"的"一中同长"的特征，以及直径与半径的关系。

3.学以致用：套圈比赛，设计什么形状的场地最为公平？为什么？

这节课的点睛之笔在于学以致用的环节。数学课学习"圆"的知识，本来跟国际理解教育的内容不沾边，但在老师巧妙的情境设计中，"公平"这个伦理价值及"圆"的文化意蕴自然地展现出来。学生从中理解起点公平很重要，是保证结果公平的前提。

笔者还听过一节小学五年级数学课：统计思想。一位经过国际理解教育教师培训的小学数学老师在统计的教学设计中创设了"世界遗产知多少"的情境，让学生统计世界自然遗产、世界文化遗产、世界非物质文化遗产在五大洲的分布情况。统计思想是数学教育中的一个重要思想。小学五年级数学统计单元有单式统计表和复式统计表的教学内容。统计部分的学习要让学生充分经历一些数据的收集、整理、描述和分析的过程，培养初步的数据处理技能和在实践中运用统计方法的能力。学生在这个情境中不仅学习了统计知识在实际生活中的运用，而且在潜移默化中了解了人类现有的文化遗产和自然遗产知识，初步培养用尊重和赏析的态度关注异国文化，形成世界遗产是人类共同财富的观念。

总之，国际理解教育是尊重、理解不同民族文化，树立文化多样性的价值观教育，在学科教学中，在跨学科主题上丰富和提升各学科的人文内涵是其价值所在。

第二节　项目化学习的实施策略：跨学科中的国际理解教育

项目化学习的实施策略是以真实情境、复杂问题、整合（跨）学科知识、技能、态度和价值观的教育见长，是当今国际上培养全面发展的人的重要方式。而国际理解教育是以文化为载体，每一种文化现象都不是单一学科教学能够完全承载的，需要用跨学科的学习方式，才能够加深对知识的理解及跨学科知识的综合性利用。由此，项目化学习的实施策略，也成为国际理解素养培育的重要方式。

一、项目化学习的理论与实践

目前,项目化学习(Project-Based Learning, PBL)已成为教育实践与教育理论研究的热点。对没有专门课程设置的国际理解教育,用项目化学习的方式实施,更能够体现该教育内容的综合性、能力培养的结构性。

(一)项目化学习

1.项目化学习的教育学渊源

项目化学习源自杜威的"做中学"的经验式学习。在杜威看来,传统的教学是教师讲学生听,学生获得的知识都是僵死的教条;没有通过"做"来获得结果,导致学与用不能结合,这样的学是没有意义的。他强调只有通过"做"才能获得经验,而且只有把活动与因此而产生的结果彼此有意识地联系起来,形成自己有效解决问题的方式,由动作而生的变化才会有意义。也就是说,学习者只有在"做"中清晰地感受到"做"的条件、过程、结果,并指导其解决生活问题,才能称之为学习。杜威认为,"做"的过程就是学习并加深理解相关知识的过程,是建立知识意义的过程,也是解决现实问题的过程。

杜威的学生克伯屈的"设计教学"也秉承了"做中学"的理念,认为儿童经验与系统知识相割裂、学与用相分离、学校与社会相疏离的现实,都不利于孩子积极主动地有兴趣地学习,也就不利于孩子的成长。所以,他认为"必须强调行动因素,特别是全心全意的、充满活力的、有目的的活动"[①],他倡导的"设计教学法"必须具备四项内容:"(1)必须是一个有待解决的实际问题;(2)必须是有目的有意义的单元活动;(3)必须由学生负责计划和实行;(4)包括是一种有始有终、可以增长经验的活动,使学生通过设计

---

① 威廉·H.克伯屈.教学方法原理——教育漫谈[M].王建新,译.北京:人民教育出版社,1991:329.

获得主要的发展和良好的生长。"①克伯屈教育思想的本质是以解决问题为核心的实践性学习,是对学生生硬的规定式学习的批判。"做中学"虽然遭到知识学习不系统、知识学习碎片化等方面的不断质疑,但其中的核心思想经验与知识、学与用、学校与社会相联系的学习才是有意义的学习,还是给了教育者很多启迪。

2.项目化学习的特征

项目化学习作为一个学术概念,源于20世纪50年代美国医学院的多科会诊治疗疑难杂症的项目,后来被运于用多个领域。在当下的教育领域,项目化学习也成为学生在系统学习多学科知识的基础上,面对现实问题,综合运用多学科知识解决问题的一种综合性、活动性、探究性的教育实践形态。由此看来,项目化学习秉承了"做中学"的思想,强调的是实践中"做"与"学"的统一。在解决问题的过程中,学习者要像现实社会生活中真正的专业人士一样,在多种问题情境中经历持续性的深入探究的学习方式,强调在"做"中学习,加强对知识更为深度且丰富的理解,并获得多方面的能力。

项目化学习至少有以下几个特征。

(1)实践性,即学与用相结合。学习不是为了学习而学习,而是因为现实世界有许多问题需要人们来解决,人必须通过学习前人在实践中认识客观世界(包括人类自身)的过程中提升总结与凝练的系统知识,来解决现实中的问题,以便更好地生活。只有让学生经历前人在问题解决中获得知识的过程,通过切身体验与不断试错来获得知识,形成多方面的能力,把学和用有机地统一起来,才能体现学的意义。

(2)知识性,即解决问题需要调动各学科的知识。项目化学习是以核心知识的学习为基础目标,以区别零碎的、碎片化的、知识点的学习。因为核心概念或者"大概念"就像一个"组织者",可

---

① 威廉·H.克伯屈.教学方法原理——教育漫谈[M].王建新,译.北京:人民教育出版社,1991:15.

以整合无数个相互联系的零碎的知识点和大量的相关事实，促使人们对复杂世界多方面的深度的理解、持久建构知识的意义，形成处理人与自然、人与人、人与社会关系的正确的价值体系。

（3）综合性，即达成整合多学科知识的迁移性的学习。项目化学习所面对的问题是生活中真实的问题。真实的问题具有很强的综合性，不是靠单一的学科知识就可以解决的。比如，家里做个窗帘，需要买多少米布？要解决这个问题，需要考虑诸多因素，比如挂窗帘的房间的功能、窗帘的样式、房间主人的喜好、民族文化传统等。生活问题背后的主客观条件，包括历史文化、地理环境等人文因素，决定了生活问题的复杂性。而这个复杂问题，仅靠单一的学科知识无法解决。学生必须有机整合问题解决所需要的各学科知识与技能，建立一个认知网络，对解决问题进行全方位的整体思考。

（4）创造性，即学习的最终结果以一个外显的"作品"展示出来。这个"作品"既展现学生对知识学习的外显化，也要展现学生凝结在作品中的态度和观念，应该说是学生的知识观、能力结构观、价值观有机融合的体现。同时，它也体现了学生的个体经验与知识、学与用、知与行的有机统一。

3.项目化学习与素养培育

进入21世纪后，我国的教学改革强调要改变教师的教学方式和学生的学习方式。教学目标的表述也经历从"双基"到"三维"再到"素养"的转化。在由"双基"到"三维"的转化中，教师的教学方式发生了可喜的变化：由原来的直接教知识，转变为由情境设置教知识，把知识与学生的现实生活结合起来，用情境调动学生的体验，促进学生对知识意义的建构。但是，在这种教学方式下，教师依然是课堂的主导者，在很大程度上控制着学生的学习内容和学习方式。由此，学生体会不到在解决生活中的真实问题时自我启动知识学习的内在动力，无法深刻理解知识的价值及学习的意义的效能感，从而也形成不了直面社会生活的复杂情境，运用（跨）学科知识解决问题展现出来的正确价值观、必备品格和关键能力的综合素养。因此,以素养培育为目标指向的新课改应运而生。

素养的核心是"对情境的学习力和应变力","素养的形成意味着个体在以往的情境中具有足够的学习力,能在新情境中迅速寻找到自己想要的资源,建立知识间的联系,对新情境进行判断和问题解决"①。而在项目化学习中,"学生在一段时间内对与学科或跨学科有关的驱动性问题进行深入持续的探索,在调动所有知识、能力、品质等创造性地解决新问题、形成公开成果中,形成对核心知识和学习历程的深刻理解,能够在新情境中进行迁移"②。

因此,项目化学习与素养培育的过程是一致的。项目化学习也成为素养培育的重要途径。项目化学习既是一种学习方式,也是一种教学方式,为教师教学方式和学生学习方式的变革提供了一个范式。

(二)项目化学习的基本要素

项目化学习的基本要素包括真实情境、复杂问题、跨越学科、合作完成、成果导向、评价跟进。上海市教育科学研究院的夏雪梅博士结合我国基础教育的教学实际,认为项目化学习要关注六个维度。

1.寻找核心知识

项目化学习来源于杜威的"做中学"思想,因此,一些人可能会认为项目化学习的设计应先从设计活动开始。活动只是学习的手段,学习是要获得人类科学认识世界规律所形成的系统知识,并有深刻理解,以便解决生活中的问题。因此,项目化学习从期待学生理解和掌握的核心知识开始。知识最基本的单位是概念,因此,寻找核心知识即寻找核心概念。核心概念是一个"组织者",能够把碎片化的、零碎的知识及众多相关事实有机组织起来,形成结构,使知识可迁移到其他社会生活情境中,即学以致用。

---

①夏雪梅.项目化学习设计:学习素养视角下的国际与本土实践[M].北京:教育科学出版社,2018:3.
②同①,10.

2.形成本质问题并将其转化为驱动性问题

我们反复强调素养是在问题解决中形成并发展的。核心知识还只是理论形态，需要进行两次问题转化。一是把核心知识用问题的方式表现出来。教师要清楚核心知识要解决的本质问题，本质问题直接指向核心知识中的概念或能力，可以是抽象的。比如，以世界遗产为载体的国际理解教育，就要回答"民族的就是世界的吗？""民族的哪些创造物是属于世界的？"等问题。世界遗产都是有国界的，最具有该民族特色的创造物，是该民族智慧的结晶。世界遗产的民族性与世界性到底是什么关系？这就属于核心知识或者核心观念。二是把本质问题转化为可以调动学生积极性的具有挑战性的驱动性问题。也就是说，要把本质问题嵌入一个适合某个年龄段学生学习的情境中，目的是设计出学生学习的进入点，促使学生主动投入，积极探索其中的奥秘。比如，为法国朋友设计我国的世界遗产颐和园的导游路线，并选择一两个主要景观创作导游词。

3.用高阶学习带动低阶学习

学习心理学的基本理论认为，用高阶认知策略带动低阶认知，学习更有效率。否则学生的学习会沉浸在一个个琐碎的知识点上，不能整体把握知识。学习了很多知识，但知识无法运用，不能迁移，学习因此也就没有了意义。因此，教师不用从"是什么"开始设计学习进程，而是一开始就可以用诸如上面的具有挑战性的问题创造高阶思维的情境任务。为完成这个任务，学生会主动查找资料、识记信息，将信息组织化，形成完成任务所需要的知识网络和技能的准备。这样的学习不仅效率高，能够深刻理解知识，最为重要的是，"学生从一开始就很清楚所学的知识是用来做什么的，具体的知识和技能都被问题结构化、组织化在其中"[1]。学生经历知

---

[1] 夏雪梅.项目化学习设计：学习素养视角下的国际与本土实践[M].北京：教育科学出版社，2018：13.

识产生的过程,才能够建构学习的意义。

4.让学生经历有意义的持续学习实践

实践有利于学生亲身体验,对核心知识的理解更为深刻;实践任务角色的代入,增强问题解决的责任意识;在真实世界中解决问题是多样实践的组合,有利于培养学生的综合能力。比如,在国际理解教育跨学科的项目学习中,笔者听过一堂关于颐和园项目化学习的课,该课的学习任务是学生为外国友人设计颐和园的旅游路线图,并选择一两个景观创作导游词。为此,学生必须进行实地考察,走走不同的旅游路线,亲自体验、感受,如能够看到什么景观,看见不同的景观对人的心境有什么影响,从中领悟建园设计的意图。进而延伸到对其他国家和地区园林艺术的认知,既认可本民族的优秀传统文化,又肯定他民族的优秀传统文化,认同本国优秀传统文化与外国优秀传统文化都为世界文明做出了应有的贡献,从而树立国际理解价值观念。教师可以根据项目类型、驱动性问题的特征和项目历程设计学习实践,这样更能激发学生学习与思考的学习历程。

5.明确学习成果及公开方式

项目化学习成果指向的是驱动性任务所要求的最终完成的作品、产品、报告等。它与项目化学习进行中的一些成果是有区别的。项目化学习进行中的一些成果,如调查数据及其整理报告,都是为完成项目结束的最终成果服务。项目化学习成果的形式多样,但在最终成果中都要展现出对核心知识的深度理解。成果不仅仅是做出产品,比如我们创作颐和园的导游词时,要考虑的是我们的导游词为什么这样写,我们经历了哪些研究、哪些思考、哪些调整。所以,成果往往包含两类:一类是制作、创作出来的产品、作品;另一类是说明这个产品和作品的设计理念与过程性的文本等。成果需要公开,目的是帮助学生回顾自己的项目经历,形成解决问题、获得学习意义的图式;帮助学生把思维显性化,提升表达能力。这些都可以让学生有学习的获得感和满足感。

6.设计覆盖全程的评价

项目化学习的评价不仅要关注结果性评价,也要关注过程性评价。它不仅要评判学生学习的等级,而且要促进学生学习的方向、进程和质量。按照我们上述对项目化学习要素的理解,项目化学习指向学习目标,更为关注学生是否对核心概念有了深刻理解,是否回答了驱动性问题,学习实践获得了哪些相关知识和技能。

二、国际理解教育跨学科项目化学习的组织

(一)跨学科的项目化学习

在目前的学校教育中,用跨学科的方式组织教学往往在综合实践活动课程中得以体现。综合实践活动课程强调知识的综合性,强调实践活动,强调物化创意的实践产出,这与项目化学习的方式有很多类似之处。但是,在教学实践中,跨学科综合实践活动课程一般是以"主题"为课程的具体内容。围绕"主题",不同学科都可能提供丰富的资料。比如,认识春天,我们可以从语文、地理、道德与法治、美术、音乐等多个学科搜集事实性资料。这样的资料搜集缺少聚焦点,会导致学生认知和理解力只停留在低水平的"事实"层面而无法达到"概念"学习和"理解"知识的目的,进而导致跨学科综合实践活动课程只能成为各学科事实性知识的"拼盘"。对此,美国课程专家林恩·艾里克森(H. Lynn Erickson)提出的解决办法是"在解决问题的学习中,学生被要求带上一个'概念聚合器'。在每个主题经过这一广度思想(人们是如何应对在旅行中的挑战的)的透视中,学生的思维被强制性地要求作超越事实的思考从而达到概念化水平"[1]。在艾里克森看来,"概念聚合器"是"在一个深层次的概念理解水平上深入理解科学范式和各种

---

[1] 林恩·艾里克森.概念为本的课程与教学[M].兰英,译.北京:中国轻工业出版社,2003:10.

联系时,一系列的'整合概念'如同为其提供了一个概念聚合器",有助于学生对"学科内与学科之间思维的整合"①。其特征从形式上来说,是跨学科的概念;从内容上来说,是具有把多学科基本概念整合、凝聚的性质。艾里克森提出的"概念聚合器"的作用,是把多学科的知识建立在有内在联系的更大范围的跨学科知识系统中,学生的"综合思维"也由此建立起来。

项目化学习强调对核心知识的深度理解。跨学科,当然是要基于两个及两个以上学科核心概念的学习,通过对能够整合不同学科的"概念聚合器"深度理解,促进对世界的深度认识。"学生汇聚两个及两个以上的学科概念来解释现象、解决问题、创造作品,从而产生新的理解,创造出新的意义。"②跨学科项目化学习要求学生将主题聚焦到"聚合概念"上,并用这个整合各学科的学习。那么,国际理解教育的跨学科项目化学习又是如何设计的呢?

(二)跨学科项目化学习:"世界文化遗产:颐和园中的中华优秀传统文化"设计案例分析

1.基于跨学科项目化学习的国际理解教育设计案例

伴随着全球化的浪潮,各国的交往日益增强,而由各国的利益及文化差异带来的冲突也越来越受到国际社会的重视。化解并和平解决这些冲突需要国与国间的对话和合作,而对话交流都是建立在对文化差异性背后文化统一性认识的基础上的。不同民族的文化之间存在天然的不同,这种不同是各个民族在漫长的发展历程中不断适应外部自然环境的挑战和应对内部社会问题的产物。因此,每个国家和民族长期以来传承下来的文化都是该国家、该民族智慧的体现。没有哪种文化可以凌驾于其他文化之上,成为判断

---

①林恩·艾里克森.概念为本的课程与教学[M].兰英,译.北京:中国轻工业出版社,2003:12.
②夏雪梅.项目化学习设计:学习素养视角下的国际与本土实践[M].北京:教育科学出版社,2018:187.

其他文化优劣的标准。正因为不同民族的文化具有差异性，人类才有必要学会相互理解、尊重和宽容，也正是因为其他民族的言行举止和我们不同，一个满怀信心走向世界的民族才需要去学习和培养国际交往的能力和技巧。

而每一个纳入《世界文化遗产目录》的文化遗产，都以具象的方式展现一个民族文化的精髓，见证着人类的文明。因此，把世界文化遗产项目作为中小学国际理解教育的载体，是一个非常明智的选择。

按照上述项目化学习实施的六个核心要素，"世界文化遗产：颐和园中的中华优秀传统文化"跨学科学习的完整设计，体现了项目化学习的实施策略在国际理解教育中的价值（见表4-2）。

表4-2 世界文化遗产：颐和园中的中华优秀传统文化

项目名称：世界文化遗产：颐和园中的中华优秀传统文化	项目时长：6周
学科：历史、地理、语文、思想政治	年级：高一
项目简述 2005年，作为"法国文化年"的谢幕之作，中国政府将颐和园作为重要的文化理解的窗口，邀请法国时任参议院议长蓬斯莱与400余名中外嘉宾，在颐和园共度中国特有的中秋佳节。颐和园是中国古典园林的巅峰之作，却在1860年遭遇英法侵略者战火的焚毁，1885年开始修复，1888年改名为颐和园。1900年又遭到八国联军的破坏，珍宝被洗劫一空，成为近代中西文明冲突、文明对抗的历史见证。1998年11月，被列入《世界遗产名录》。世界遗产委员会在给颐和园的评价中有这样一句话："以颐和园为代表的中国皇家园林，是世界几大文明之一的有力象征。"为了让中国和来自不同国家的学生认识和理解颐和园的文化价值，同时深刻认识文化产生是受地理环境、历史沿革、政治制度影响的合理存在，从而让学生懂得尊重多元文化。本项目以颐和园这一世界遗产为平台，引导学生从历史、地理、语文、思想政治的角度分析隐藏在颐和园背后的我国园林建筑的历史、文化、艺术价值。	

续表

项目名称：世界文化遗产：颐和园中的中华优秀传统文化	项目时长：6周
学科：历史、地理、语文、思想政治	年级：高一

核心知识	1.普通高中相关学科课程标准的内容要求及项目设计思路 （1）历史 课程标准"模块3　文化交流与传播"中提出："了解世界各主要区域文化，理解世界文化的多样性；认识世界各国、各地区、各民族对人类文化发展所作出的贡献""尊重世界文明多样性，以文明交流超越文明隔阂、文明互鉴超越文明冲突、文明共存超越文明优越。" 设计思路：颐和园建造的艺术成就—文明被毁坏之痛—尊重世界文明多样性。 （2）地理 课程标准"选修5　旅游地理"中提到："学会欣赏区域环境差异带来的美感，成为尊崇自然、尊重文化的人。" 设计思路：颐和园空间格局—颐和园的构景手法—人与环境共融。从构景、画意、建园的地理条件等方面感知颐和园设计的整体思路。 （3）语文 课程标准要求："通过学习语言文字作品，懂得尊重和包容，初步理解和借鉴不同民族、不同区域、不同国家的优秀文化，吸收人类文化的精华。" 设计思路：从对联切入，景观—构景—画意—诗情。 （4）思想政治 课程标准"模块4　哲学与文化"中提出："感悟世界文化的多样性，理解文化多样性的价值，明确文化交流互鉴的途径和意义。" 设计思路：搜集有关资料，寻找并讨论最能体现中华优秀传统文化精髓的标识，领悟园林中蕴含的哲思。 2.关键概念或能力 文明、文化遗产、空间格局、环境、天人合一、跨文化交流能力

续表

项目名称：世界文化遗产：颐和园中的中华优秀传统文化		项目时长：6周
学科：历史、地理、语文、思想政治		年级：高一
驱动性任务	1.本质问题 民族的就是世界的吗？ 2.驱动性任务 实地探访颐和园，为来自法国巴黎的朋友设计旅游路线，撰写导游词。 为了完成这个任务，学生通过走访、查询各种资料，认识颐和园园林艺术的价值，同时深刻认识到文化的产生是受地理环境、历史沿革、政治制度影响的合理存在。从历史、地理、政治、文学等多角度出发创作导游词，更好地展示中国园林对世界文明的贡献，体现文化没有优劣之分的观念。	
成果与评价	个人成果 1.实地考察研究颐和园不同游览线路（环湖游览、长廊游览、万寿山佛香阁游览）的景观及营造出来的意境的特点，撰写考察报告； 2.确定研究方向：对颐和园造景手法、建园选址、历史背景、艺术特色等进行思考； 3.对中国园林建造的基本要素及建园所持的理念和特点进行考察。	评价的知识和能力 能够结合实地考察，有理有据地表达"观园之景—体园之境—悟园之理"的意义。
	团队成果 在实地考察、探究建园的整体设计思路的基础上，撰写导游词。	评价的知识和能力 能够结合我国园林建筑的特点及艺术价值，撰写颐和园的导游词。
成果与评价	公开方式 1.介绍世界遗产颐和园的展板； 2.绘制旅游浏览图，撰写导游词，做好PPT，给参加活动的人员讲解。 参与人员包括颐和园管理处的人员、本校留学生及高一的中国学生。	评价的知识和能力 参与人员全程给予反馈。

续表

项目名称：世界文化遗产：颐和园中的中华优秀传统文化	项目时长：6周
学科：历史、地理、语文、思想政治	年级：高一

高阶认知	主要的高阶认知策略 问题解决（　）　决策（　）　创见（√）：学生要去撰写导游词　系统分析（　）　实验（　）　调研（√）
实践与评价	**涉及的学习实践** 探究性实践（√）：实地走访颐和园，探究并感受其景观及中国园林建筑的要素； 社会性实践（√）：寻求颐和园管理处的帮助（资料）；团队合作中的人际交流（倾听、讨论、准确表达）； 调控实践（√）：坚持完成项目；制订项目实施计划；进行时间管理；进行情绪调控； 审美性实践（√）：理解颐和园的景观的艺术价值及对世界文明的贡献； 技术性实践（　） **项目过程** 1.入项活动 （1）观看《颐和园》（6集）专题片，了解颐和园以怎样的艺术创造成为中华园林艺术中的瑰宝，感受颐和园为世界文明贡献了怎样的智慧； （2）要求学生找出视频中颐和园蕴含的中华文明是怎么具体体现的； （3）学生列出文明的表现，归纳文明的特征。 **2.知识与能力建构** （1）学生带着"颐和园到底有哪些艺术成就能成为全人类的世界遗产"的问题，通过实地考察颐和园，找出颐和园建园的特点，明确颐和园对世界文明的贡献点，从而确定要从哪些角度创作导游词。

续表

项目名称：世界文化遗产：颐和园中的中华优秀传统文化	项目时长：6周
学科：历史、地理、语文、思想政治	年级：高一

实践与评价	（2）从史地文政四个学科，寻找能体现颐和园文明的具体表现，以此为研究的切入点。探究颐和园，语文学科可以从楹联及建筑命名的角度，看园林体现的精神志趣。历史学科可以遵循时间脉络，凸显"沧桑续文明"的主题。地理学科可以从颐和园的建造入手，探究古人是如何营造人地和谐的意境的？政治学科则可以研究颐和园是怎样反映"天人合一"思想的？ （3）根据探究及教师的引导，深刻理解以颐和园为代表的世界遗产是人类所创造的财富的总和，需要用文明的方式共同爱护。 （4）探讨怎样的行动才能推动"以文明交流超越文明隔阂、文明互鉴超越文明冲突、文明共存超越文明优越"。 **3.探索与形成成果** （1）每个小组选择一个旅游线路，绘制旅游线路图，记录沿途的景观及观景的感受。 （2）作为拓展性研究，确定研究小主题。世界文化遗产有太多的民族文化信息，学生在初步感受颐和园园林建筑的基础上，确定研究主体，即每个小组以哪个点为切入点，进行资料搜集，如园林造景手法、建园选址背景、自然景观与人造景观相互呼应、长廊彩绘研究等，并写出小的研究报告。 （3）探究颐和园的空间布局，包括选址的地理条件、自然景观与人造景观的布局，体会中国园林构造出来的人地和谐的意境美。 （4）通过欣赏中国特有的文化元素，比如对联、牌匾题字、彩绘故事等品味颐和园的诗情画意。 （5）了解颐和园的前世今生，讲述颐和园的历史故事，以"文明的守护"为主题，写一篇800字以内的小评论。 （6）讨论颐和园的园林艺术为世界文明增添了哪些色彩。讨论什么是文明的特质。 （7）选择不同的游览路线图，配合景观图片，模拟导游讲解，并讨论如何根据法国旅游者的文化背景撰写导游词。

续表

项目名称：世界文化遗产：颐和园中的中华优秀传统文化				项目时长：6周		
学科：历史、地理、语文、思想政治				年级：高一		
实践与评价	**4.评论与修订** （1）从景观的欣赏到意境的品味，从人造景观与自然景观的结合，展现颐和园中蕴含的人地和谐思想，有层次地撰写导游词。其他同学模拟法国旅游者，提出问题，根据游客的文化背景修改导游词。 （2）研究小报告作为成果，进行展示。					
	导游词的水平等级			评价主体		
	初级水平	中级水平	高级水平	自评	同学	教师
	能够从单一学科的视角介绍颐和园的景观以及观景感受。	能够从多学科的视角完整地对颐和园的景观及营造出来的意境进行解说。	能够从法国朋友熟悉的文化背景出发，介绍颐和园独特的构景——观景园林艺术特色。			
	5.公开成果 召开颐和园项目成果展示会。 参与人员：颐和园管理处的人员、本校留学生及高一的中国学生。 主要内容：围绕旅游图、景观图片对颐和园中的优秀传统文化进行讲解；一些研究小报告的展示活动。 在公开成果展示中，记录他人的意见和观点。 **6.反思与迁移** 撰写反思日志。					

续表

项目名称：世界文化遗产：颐和园中的中华优秀传统文化		项目时长：6周
学科：历史、地理、语文、思想政治		年级：高一
所需资源	1.科研资源 检索关于世界遗产教育、国际理解教育、课程改革的文献资料，提升项目实施的科学性和严谨性。 2.遗产地——颐和园 获得进入颐和园进行实地考察、访谈调查的机会，并获得部分珍贵文献。 3.组织保证 需要由历史、地理、语文、思想政治等多学科教师协同完成，需要有四个学科集体教学研究的共同体组织机制作为保证，才有可能达成设计的整体性。	

2.案例分析

本项目设计的特点很突出，属于跨学科项目化学习。设计关注了以下几个问题。

第一，找准了国际理解教育的文化载体。

国际理解教育是以文化为主线的教育。本项目选择了世界文化遗产作为国际理解教育的载体，对学生了解自己的文化传统、他国的文化特色以及增强跨文化理解的能力，都有着重要意义。任何一个世界文化遗产的学术研究都会涉及考古学、建筑学、生态学、地理学、地质学、人类学、历史学、总结学、民俗学、艺术学、语言学、文学、美学、科技史、农业史等众多学科。基础教育各个学科都可以在这里找到可以学习的内容。另外，世界遗产也以具象的方式展现各国、各民族文化的精髓，是一个非常生动的鲜活的学习资源。本项目通过对颐和园历史、文化、艺术价值的学习，挖掘出"人类文明的见证"主题，增强了对世界遗产既是民族的又是世界的这一命题的深刻理解。

第二，找准了国际理解教育的跨学科项目化学习的"聚合概念"，实现了深度学习。

前述的跨学科学习最大的问题是各学科知识的堆积,"拼盘"现象严重,无法达成真正的"综合",学习也是浅表层面的事实性知识的累积。而本项目以我国的颐和园为学习载体,凸显跨学科中具有整合力的"概念的聚合器"——文明,用文明把世界文化遗产的民族性价值有机整合在了一起,使学生深刻地理解了"民族的才是世界的",且"什么样的民族的才是世界的"这一命题;理解了文化都是基于本地地理环境、生产方式、多元文化交融的历史积淀而产生的,文化理解需要对话的范围既包括文化遗产本身展现出来的特色,还包括对其历史背景的理解;真正认识到文明是一个具有综合性的概念,体现人类在各个方面的创造成果。

在世界文化的视野之上,以世界文化的核心——人类共有的精神与价值为生发点,从而达到价值形式多元、价值本质一致的境界。实现国际理解,需要把文化外在的多样形式与内在价值联系起来。只有将深入生活的本土文化放在世界文化的视域下,以本土文化为辐射点,在挖掘其精神内涵的同时,不断向外发散,才会使国际理解教育更有力、更全面。

第三,巧妙设计了驱动性活动,推进了各学科的知识整合。

学生实地探访世界遗产颐和园,需要采用不同学科的视角和概念,比如地理学科要教授的"人地和谐观"、政治学科要教授的"天人合一"思想、语文学科要教授的"楹联""对联""牌匾""题字"等抒发人文志趣的传统文化、历史学科要教授的颐和园建园—被毁—重建的发展过程,多方面感受文明的产生、延续、消失对一个民族乃至世界的影响。当然,如果有需要,还可以将美术(彩绘)、戏剧(颐和园的大戏台)等其他学科加入进来,这意味着学生要以整合的方式在各学科之间建立联系。如此,学生会看到文明的不同表现方式,进一步加深和巩固对文明的跨学科理解。例如,给来自法国巴黎的朋友设计颐和园的旅游路线,能更好地增进跨文化理解,锻炼跨文化的交往能力。

相互理解需要有共同的交集，即彼此对某种共同性的认同。国际理解教育不是对外部世界的简单认知，也不是彼此对某种现实存在的简单接受，国际理解教育的理解交集具有明确的导向性，那就是以人类和平发展为核心价值观。

第四，国家认同教育和跨文化教育的有机融合。

每个国家的教育都承载着其特定的民族文化的集体心理和期望，教育其实就是在固有文化教育特征基础上进行的，增强民族文化的认同感和民族自豪感是国家教育的重要目标，与此同时，将国家认同教育与跨文化教育有机地融合在一起，才能以宽容、开放的心态看待世界上的不同文化传统与不同价值观念，寻找国际理解与交流对话的平台，塑造一种开放的民族心态，形成理解、尊重多元文化的理念。

第五，为学校的跨学科实践活动提供了有效的实施范式。

近年来，我国中小学校利用假期，采用跨省（自治区、直辖市）跨国游学的方式，让学生在学习中体验人生，在体验当中学习。这种游学是拓宽学生国际视野，丰富学生人生阅历，培养学生个性以及国际化、多元文化理念和思维习惯的一种较好的方式。在游学中，学生不可避免地要欣赏不同地区的自然风景和文化景观。本项目化的实施策略将"游"和"学"有机结合了起来，解决了以往游学中"游"多"学"少、走马观花的问题。类似游学的活动还有很多，本项目化的学习无疑为跨学科实践活动提供了一个有效的范式。

第三节 问题解决的实施策略：跨文化理解能力的培养

培养学生具有适应21世纪社会需要、促进终身学习和发展的核心素养，已经成为我国乃至世界教育改革和发展的趋势。21世纪是在全面且深入的全球化背景下开始的。经济全球化带来的不仅仅是货物与资本的跨境流动，还有不同文化背景的人进行交流的国际化。我们越来越多地面对与我们文化不同的他国文化理念和文化行为方式的冲击，由此带来的跨文化交流问题在很大程度上影响着不同文化间人们的合作与友好交往。因此，跨文化交往能力已经成为国际理解教育的重要目标，也是21世纪人才的基本素养之一。

一、跨文化理解的关键点

（一）跨文化理解的重要性

国际理解源于人类增进交往的实践需要。冷战结束后，伴随着全球一体化进程的加快，国与国之间政治、经济贸易的相互依存越来越紧密，整个世界被压缩成一个统一的整体。不同文化之间、拥有相同或不同文化的两个个体之间、现实和历史之间要想和平共处，就必须对话，进而达成相互理解。但是，由于地理环境、宗教、生活习俗的不同，各个民族形成了各具特色的文化系统。该文化系统对身在其中的内部成员来说被当作普遍的价值接受并遵循是非常自然的过程，但是，由于缺乏必要的了解，不同的文化系统之间，往往会产生猜疑、互不信任，而猜疑和不信任往往又是造成彼此之间产生分歧甚至最终爆发战争的一个重要原因。确认在相互信任和理解的气氛下，尊重文化多样性、宽容、对话和合作是国际和平与安全的重要保证。

（二）跨文化理解的关键是价值观

在与持有不同文化的人员进行交往时，通常的情况下，人们会用自己的文化价值标准去衡量别国的文化现象，以此确定不同文化间什么是合时宜的、正常的，什么是不合时宜的、非正常的，内在隐性的价值标准很不相同。在这种情况下，人们本能的反应，凡是与本我文化标准和理念相似的他我文化现象被看作是正常的，反之，则属不正常。比如，不同国家的"时间观""清洁观""育儿观"

等,都有不同之处。再者,这些观念又通常是以隐性的方式存在,没有多次的沟通与交流,很难被发现,更难以达成理解。

对如何进行有效的沟通交流,当前我们的教育还是原则性的教育更多,比如跨文化交流,要坚持尊重原则,这是一般人都知道的。但是怎样做才是尊重?尊重的原则是怎样在真实的跨文化交往中体现的?又是通过什么样的方式发展基本的沟通技能,并知道如何使用以及什么时候使用这些技能的?没有真实的情境,没有在各种意想不到的情况下的多次磨炼与反思,人们很难形成真正的跨文化交往素养。

(三)以真实的跨文化问题解决,促进跨文化素养的培育

什么是素养?素养是人面对复杂的情境,运用(跨)学科知识解决问题的过程中展现出来的正确价值观、必备品格和关键能力的综合体。素养不是人先天的生理素质,而是人后天在问题的解决过程中形成并发展的。问题解决的过程与素养形成的过程一致。问题解决是学习知识、运用知识的最大动力,同时也是整合正确价值观、必备品格、关键能力的基本要素。因此,对学生进行素养培育,问题解决能力的培养是不可忽视的。

根据马扎诺等研究者的理论,人类面对新任务时,首先要启动自我系统,自我系统一旦做出投入决定后,才会进入信息的加工处理程序,否则就不会进入学习过程。马扎诺构建的行为模型见图4-2。[1]

这个模型如果迁移到学习或者问题解决过程中,三个系统(即自我系统、元认知系统、认知系统)是一种互动的关系,共同在学习和问题解决的过程中起作用。

---

[1] 罗伯特·J.马扎诺,约翰·S.肯德尔.教育目标的新分类学(第2版)[M].高凌飚,吴有昌,苏峻,译.北京:教育科学出版社,2012:11.

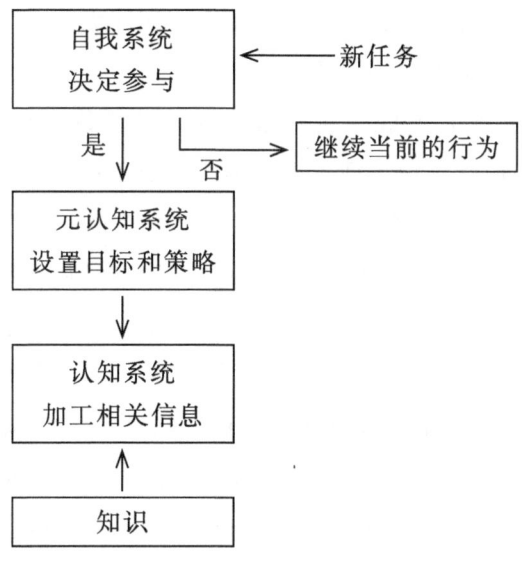

图4-2　行为的模型

首先起作用的是自我系统，它决定着一个人是否接受新的学习或者问题解决任务，进而启动元认知系统和认知系统进行学习和问题解决。如果在这里的答案是"否"，学习和问题解决就不可能发生。这也就是说，在解决问题的过程中，一个人面对问题是退缩，还是义无反顾，是主动学习积极找寻解决问题的办法，还是"天塌下来还有大个子顶着"的无所作为，这是首先要进行选择的。

其次，在确定接受问题解决的基础上，积极的态度、主动的行动，能开启元认知系统，即设置解决问题的目标和多种策略。

最后，在前两项的基础上，调动自己所学的知识，加深对学科核心知识的理解，发展多方面的能力，培养认真负责的态度，并在体验过程中形成正确的价值观、必备品格和关键能力。因此，问题解决不仅整合着多方面的知识，也整合着多方面的能力。

由此，我们可以认为，在解决问题的过程中，多方面的能力可以概括为三种能力：自我发展能力、问题解决能力、（跨）学科知识运用能力，三者有机统一，形成综合性能力。前两个能力是所有学科共育的能力，后一个能力是学科知识运用能力。

那么，能力是怎样培养的呢？

能力是一个人完成一项目标或者任务所体现出来的综合素质。人们在完成活动中表现出来的能力有所不同，能力是直接影响活动效率，并使活动顺利完成的个性心理特征。能力总是和人完成一定的解决问题的实践联系在一起的。离开了问题解决，既不能表现人的能力，也不能发展人的能力。基于此，跨文化沟通理解能力也必须在跨文化交往的复杂情境问题中，通过科学有效的方法对问题深入分析和解决才能形成。解决问题是一个充满智慧的过程。在这个过程中，自我发展、问题解决、学科知识运用等能力形成一个人的能力结构体系，综合能力得以形成和发展。

二、跨文化理解的问题解决实践框架

问题在不同的语境有多种理解，比如，问题可能指向事物的矛盾、疑问、错误、困难、有关几方面的内容、事故或意外、要求回答或解释的题目等。也有人认为，"问题"（problem），就是指疑问、质疑（question）或者不确定的事件，所以需要被发现和解决。也有人认为，问题就是指在国际理解教育中，培育学生的跨文化理解素养，使他们养成文化多样性意识。跨文化理解本身成为一个问题，往往是因为在跨文化交往过程中，观念、行为方式等出现了矛盾，引起了一些冲突。这些冲突是多方面的，包括肢体、语言、文字、情绪、观念等各个方面。

与异质文化的人进行交往时，我们通常只看见显性的交往行为，如语言表达、肢体动作等行为方式，看不到他们行为背后一整套行为支撑的文化体系。所以，携带不同文化"基因"的人之间出现了矛盾和冲突，如果不及时地通过沟通、交流去解决，就会造成误解，带来隔阂，甚至是战争。我们这里所说的问题，是现实生活中的"真问题"，是相对于"理念性""宽泛的""抽象的"问题而

言的。它有这样几个特征。

一是"真实",相对于宏大的理念而言,它们是学生生活中真实发生的,有真实的场景和真实的冲突表现,是学生要解决的问题。

二是可分析性。学生可以通过还原事实真相、展现冲突行为背后的价值观、澄清价值观等分析过程,找到问题的关键点,设计解决问题的策略。

三是可解决性。有些问题,由于各种时空的、文化的、社会的等多种因素交织在一起,目前无法制订清晰的解决方案,无法具体地操作,因此无法进入解决问题的过程。比如学生能否在其现有的基础上,通过努力调整并改善自己解决问题的策略,进而积极行动,推动问题的解决,就是一个很大的问题。

问题解决既是一种认知过程,也是一种实践过程,可以概括为几个步骤:发现和提出问题、分析问题、寻找问题解决策略、执行策略、评价效果。发现和解决问题能带来社会、文化或者智力方面的价值,对学生的终身发展、素养的形成有重大意义。因此,无论是学科教学,还是跨学科教学,问题解决能力都是亟须培养的一项重要能力。具体而言,跨文化冲突问题解决的一般过程还有更为具体的环节(见图4-3)。

首先,发现问题是解决问题的前提。发现问题其实是问题意识化的过程,即问题已经被人感知到,即觉察到问题。这里包括两个环节。

一是了解事实。冲突现场是什么样的?当事双方各自所依据的理由是什么?双方是怎么行动的?即多方面了解事实真相,不能妄加判断,更不能妄加评判。

二是聚焦问题,也就是确认冲突真实地发生,问题已经困扰着当事双方。

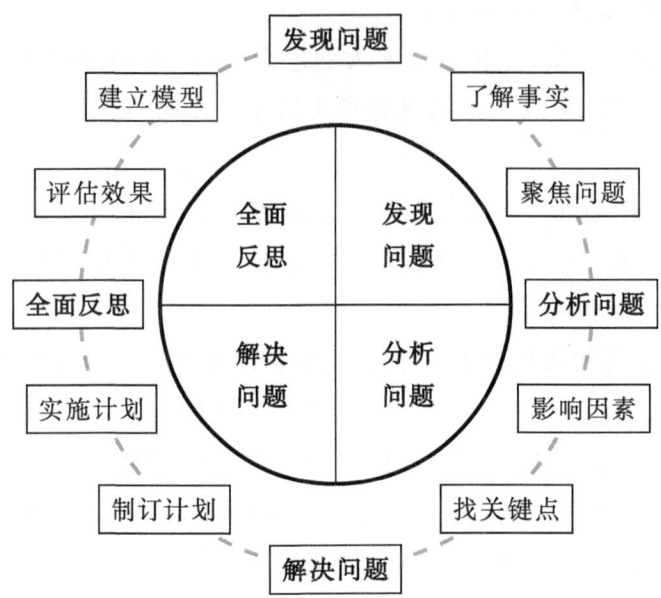

图4-3 问题解决过程的"四阶段八环节"

谁来发现问题?在传统教育中,学生都是"被问题",老师不断发问,学生被动地回答。老师提出的问题指向知识,学生即使能够回答出来,也不知道在现实生活中如何解决问题,解决问题的能力自然就无法建立起来。如果教师能够给学生创设真实的情境,让学生经历解决问题的整个过程,学生的能力就能够真正地形成。

现如今,中小学生的国际理解交流日益增多。利用假期进行短时间的国际交流,或者较长时间的留学生涯,都需要学生具备跨文化理解的能力。而跨文化理解能力只有在真实的情境中,真实的问题解决过程中才能形成。我国基础教育的课程中,又没有相关的专门课程,以培养学生这方面的能力。

所谓真实的问题,该怎么理解?在基础教育中,我们指的真实的问题有以下两个特点。

一是,指学生现实生活中真实发生的,需要解决的,或者说没有解决好的问题。比如改革开放以来,越来越多的中小学校设有国际部,招收外国留学生。这使得中小学生增加了与不同国度的人交往的机会,同时也出现了跨文化理解的问题。这些问题也成为学生国际理解素养培育的难得的素材。学生自身面临的真实性的情境,是学生自己在生活中的问题,学生因此有最真实的体验,解决问题的紧迫感最为强烈,解决问题的策略使用及调整的感受也最为深刻,能够积累非常丰富的有价值的解决交往冲突的经验。但是,这样的问题是可遇而不可求的。

二是,教师根据教育的目标有意识创建的问题情境,让学生去体验,感受专业人员解决问题中的合作、协商、交流等技能,形成全球化背景下的跨文化交往的素养。比如模拟联合国(Model United Nations, MUN)的活动,是学生对联合国大会和其他多边机构的仿真学术模拟,是为青年人组织的公民教育活动。在模拟联合国活动中,青年学生们扮演不同国家或其他政治实体的外交代表,围绕国际上的热点问题召开会议。代表们遵循议事规则,在会议主席团的主持下,通过演讲来阐述观点,为了"国家利益"辩论、磋商、游说。他们与其他国家的代表沟通协作,解决冲突,通过撰写决议草案和投票表决来推进国际问题的解决。模拟联合国时,青年学生们通过亲身经历熟悉联合国等多边议事机构的运作方式学习国际关系与外交等基础知识,并了解世界发生的大事对他们未来的影响,了解自身在未来可以发挥的作用。这类活动不仅有助于学生了解联合国,更为学生搭建了关心世界的一个平台。通过这个平台,学生可以学会用国际眼光来思考、讨论人类共同关心的问题,并形成跨文化交流的能力,形成国际理解素养。

其次,分析问题。分析问题是找到问题症结的过程,其中至少包括两个环节。

一是分析跨文化冲突的多种因素。一个具体的冲突的发生,可能有诸多因素的影响。比如,认知层面的"类我效应"(他人总像我一样有相似的思维和行为方式)、"先入为主"的思维方式、语言层面（包括肢体语言）、沟通风格、价值观等都会给跨文化理解带来困扰。加之社会心理、宗教信仰、民族文化、历史延续、地理环境等诸多因素的影响，人们的行为选择及行为方式背后的缘由异常复杂，需要通过调查、资料查询等多种方式，把复杂的因素呈现出来。

二是找到其中影响交流的关键因素。影响跨文化交流的因素有很多，但只有找到起决定性作用的那个因素，才能找到跨文化障碍的症结，为解决问题奠定基础。

再次，解决问题。解决问题是在分析问题的基础上，针对问题的症结，做出选择、决定并实施的过程。因此，它包括两个环节，一是制定解决问题的方案。可以制定多个可供选择的方案，对可以想到的解决问题的方案进行优劣势的分析。依据当下的实际主客观条件，优化方案。二是实施方案，即把优化后的方案实施，表现为问题解决的积极行动。

最后，全面反思。这是对解决问题的效果进行评估，并进一步完善解决策略，以及建立问题解决的模型或者图式的过程。这个阶段也包括两个环节。

第一，评估问题解决的效果。无论问题是否成功地得以解决，都不意味着问题解决结束，还需要全面反思，评估问题解决的实际效果。反思的内容主要包括几个方面：实施事先优化的方案，是不是很好地解决了问题？在什么层面上解决了问题？我们还遇到了什么意想不到的情况？以后如何调整我们的方案？或者我们积累了哪些富有创造性的新经验？

第二，建立问题解决的模型。与不同文化背景的人发生冲突，应该怎样进行沟通，能否建立起一个有效的沟通模型？比如：认识矛盾冲突—反思冲突背后的价值标准—澄清并沟通价值观—共同寻找解决冲突的方法。这样的反思就可以在深刻体验的基础上，提炼出一些沟通的具体做法，进而不断积累跨文化沟通的技能。

学生在真实的跨文化冲突问题解决过程中,其一,可以感受到"真问题",学会有层次地分析问题,建立解决冲突的模式,提高问题解决能力;其二,具有了问题意识,学生在生活中遇到问题时就可以不断验证原来的沟通模式,并创造新的冲突解决模式,提升跨文化理解的实践素养;其三,展现了双方的价值观,在价值观层面上进行沟通。学生既了解了自己,也了解了他人,并学会了尊重自己和他人;其四,可以积累问题解决的经验,锻炼沟通能力,形成自我反思意识。

每个人都渴望自己生活的世界是和平的、公正的。然而,诸如战争、贫困、饥饿、巨大的贫富差异、环境污染、生物安全等问题,都给人类经济、社会、人的发展带来困扰。国际理解教育就是要面对这些问题,通过对世界多方面现状的了解,聚焦核心问题;找到问题的症结,运用人类的智慧,制定解决问题的方案;尽自己所能,参与到问题的解决中去。我们不是旁观者,我们是问题的解决者,我们是美好世界的创造者;反思整个问题解决过程,评估解决问题的实际效果,是否还有更好的办法或者机制,可以更好地促进问题的解决,以此完善解决问题的方法。在解决问题的过程中,不光需要见识,比如广泛接触事物,扩大见闻,明智地、正确地做出判断的能力,还需要有跨文化知识。跨文化知识不仅是了解他国、他族文化,也要深入了解本国、本族文化,建立跨文化的敏感性,这样更有利于文化间的交流。同时,跨文化理解更需要思考力、执行力和反思力。

三、跨文化问题解决的教学设计案例及其分析

在全球化的进程中,各国的人员往来越来越频繁。即使在中小学校,各种对外交流也逐渐增多。一些学校开设了国际部,与不同国家的学生一起学习,进行交往,在一些中小学已经成为事实。不同文化背景的学生交往,也会有这样或者那样的不适。进行多元文

化教育,促进文化间更好地理解,需要教师具备国际理解教育的意识,采取很好的教学策略。

(一)创设真实生活的问题情境

不同文化背景的人员往来,在生活的很多层面,都会有很多的不同。比如,衣食住行、生活习惯、思维方式、行为选择等都会有这样或那样的不同,如果不能很好地了解双方真实的想法及价值观,就很难相互理解,也很难友好相处。

教师要注意创设真实的问题情境,让学生展示双方的立场观点,寻找共同生存和发展的基础,让学生具备面对不同文化碰撞时应具有的积极态度、基本技能、自我发展能力。因此,教师要以现实生活中的文化冲突为契机,发现超越解决事件本身的更大的教育价值,从而培养学生跨文化理解的素养。

依据上述跨文化理解的问题解决路径,教师针对不同国家的学生发生冲突事件进行如下分析(见表4-3)。

表4-3 "四阶段八环节"跨文化问题解决案例分析

四阶段	八环节	具体内容	备注
1.发现问题	(1)了解事实	创设不同国家的人日常生活冲突的情境,并对其进行分析: ◆中国学生行为_____;缘由_____。 ◆××国家的学生的反应_____;具体做法_____;支持该做法的观念是_____。 ◆中国学生对××国家的学生做法的反应_____;支持这种反应的理由_____。	
	(2)聚焦问题	确定是什么样的问题?	

续表

四阶段	八环节	具体内容	备注
2.分析问题	（3）影响因素	不同国家的人有这样的反应,影响因素可能有什么？_____。	
	（4）关键因素	哪个因素对冲突发生起了决定性的作用？文化观念和行为方式在本次冲突中起了什么作用？	
3.解决问题	（5）制订计划	面对这样的冲突,不理性的方式有哪些？对问题的解决有什么影响？理性化解矛盾的方式有哪些？我们将制定怎样的解决问题的方案？并对各种方法进行优劣势分析,选择方案。"优化方案"所依据的标准是什么？	◆可以是多个主体参与来解决问题。◆可以从短期和长期制定解决问题的方案。
	（6）实施计划	积极行动,去落实计划。比如,对留学生进行访谈,"在中国留学遇到什么不理解的事？有什么高兴的事？"然后分析访谈资料,试图与不同国家的人沟通对同一事物不同认识背后的价值观念。	
4.全面反思	（7）评估效果	实施我们事先优化的解决问题的方案,是不是很好地解决了问题？在什么层面上解决了问题？我们还遇到了什么意想不到的情况？以后如何调整我们的方案？我们积累了哪些富有创造性的新经验？	

续表

四阶段	八环节	具体内容	备注
4.全面反思	（8）建立模型	我们与冲突双方进行沟通后能够建立怎样的沟通模型？这个模型在本次沟通中是怎样体现的？比如冲突双方一起建立文明公约。	

对学校里发生的关于不同国家的人在学习方式、日常生活习惯、思维方式、做事习惯等方面的差异，教师应敏锐地觉察到这是一个很好的跨文化理解教育的契机。通过遵循"四阶段八环节"的问题解决的过程，教师可以完成一个单元的跨文化理解课程开发。

（二）基于跨文化理解的真实问题解决实践模式的教学设计及实施

1.教学设计

（1）确定学习目标：基于问题解决的跨文化交流能力的提高。

以"人的流动"为主题，以对在中国的留学生的访谈资料为依托，并以××国在中国的留学生发展历史及现实状况两个视点的阅读材料为辅助，通过对留学的原因、留学遇到的麻烦及处理麻烦的方式感受到对待异文化的态度对问题解决的影响，以及留学对留学生自身及所属国、接纳国的作用等问题进行思考，学生能够很好地建构起"人的移动是普遍的"的观念。在解决问题的过程中，学生可以意识到以尊重、理解的态度对待留学生，学会用和平的方式解决跨文化问题，提高跨文化理解的技能是非常必要的。

涉及的核心知识（概念）：人的移动、文化冲突、文明行为。

（2）任务驱动：针对跨文化理解撰写文明行为公约。

（3）学习资料准备。

◆教师把学校发生的事件做成矛盾冲突的典型案例，以此作为任务驱动的背景材料。

◆对学校或者外校在中国的留学生进行调查,并撰写调查报告,该调查报告也成为学习资源。

具体的要求:

◇调查前充分准备,讨论撰写访谈提纲。访谈可以从"为什么到中国来留学?""在中国留学的收获或者问题"等方面入手,细化访谈提纲。

◇调查中,做好访谈记录,留下最为真实的第一手材料。

◇调查后,整理访谈信息,探究××国家在中国的留学生由于两国的文化差异遇到的问题,思考不同国家的文化对国民生活方式的影响,撰写调查报告。

◆查找历史上和现在到中国留学的××国学生的资料,分析其留学的具体原因,以及对双方国家带来的影响,全面理解在全球化背景下,国际交流、文化理解对留学生个人生活及社会生活的意义。以"人的流动是普遍的"为议题,撰写一篇800字的短文。

◆请评述上述创设的"文化冲突事件",提出解决问题的计划并去实施,评估实施的效果,构建跨文化沟通的模型。

◆完成任务:针对跨文化理解,与××国学生一起撰写文明行为公约。

2.教学的实施

(1)教学实施遵循的原则。

由近及远原则。这是考虑到学生的认知特点,以及生活范围还不够广阔,需要从身边的事情说起,由个体—家庭—地区—国家—世界不断扩大的生活范围,唤醒学生的生活体验,便于学生建立全球视野。

由浅入深原则。学生的国际理解素养的养成,要经历由浅入深的过程。教师的教学实施,教学要沿着了解—理解(共存—人类命运共同体)—尊重(态度)—责任担当(行为),完成知、情、意、行的学习过程。了解是理解的前提,理解是尊重和构建和谐世界的基石,责任担当的使命意识能够更好地促进学生成为世界和谐美好愿景的创造者。

（2）教学实施的案例（见表4-4）。

表4-4 教学实施过程设计

实施环节	利用材料	提问	目标	内容
导入1	调查父母及亲属是不是本地人,全班统计至少三代人均为本地人的百分比。	人为什么从一地移动到另外一地？	思考人们移动的种种理由。（生存需要、发展的需要、求学的需要……）	了解国内人的移动的多种目的及形态。
导入2	小调查：询问父母,他们上小学、中学时,学校有留学生吗？他们在街上看到外国人会围观吗？为什么？现在,你会围观周围的外国人吗？你的态度与你父母有差别吗？统计这些情况,并简单分析这些数据。	有更多的人到中国来留学,这说明了什么？留学生到中国的目的是什么？	思考留学生到中国来的目的,以此了解社会的变化；并了解异文化的冲击,需要国人采取什么态度来应对。	伴随着全球化的过程,人的移动会更加普遍。
导入3		人口的移动仅仅是选择到不同的地方生存吗？	思考：每个人都是一个文化符号,带有其民族生存及发展的信息。	

续表

实施环节	利用材料	提问	目标	内容
1.展开阶段	比如日本人在中国留学的历史。	留学生只有当今社会才有吗？隋唐时期日本人为什么来中国？	思考留学现象会受到什么因素影响？	留学现象自古有之。
2.展开阶段	比如韩国在中国的留学生迅猛发展。	韩国留学生来中国干什么？	思考韩国留学生来中国的多种目的。	有多种教育背景的人对其以后人生发展的作用。
3.展开阶段	到过中国几所城市留学的韩国籍中学生认为北京的中学生对外国人不感兴趣。	是什么原因使他有这样的想法？	思考留学生比较多的城市，人们对留学生的态度。	留学现象对国际化大都市来说，是非常普遍的现象。对待留学生的态度：不是好奇、不解、拒绝，而是用开放的心态接纳他们。
总结阶段		在全球化时代，以留学作为相互学习、交流的方式，对我们现代人提出了什么要求？	思考把留学生现象当成普遍的现象，对我们多元文化理解的意义。	留学生现象是人的移动的一种方式。在对待具有不同文化背景的留学生时，我们采取接纳、包容、理解的态度，有利于促进彼此间的相互了解和共同发展。

遵循上述原则,对创设的"冲突事件"问题解决的教学实施过程如下:

附件:
对××国家留学中国学生的访谈提纲
一、基本情况
姓名、性别、出生地、出生年月、毕业学校,现在就读学校(或者工作单位)。
二、留学信息
1.你何时来中国的什么学校?多久了?
2.原因和目的分别是什么?
3.来中国后都学习或者干了些什么?去过哪些地方?
三、在中国留学的收获或者问题
1.来中国之前对中国有什么印象?
2.在中国的留学生活有什么适应或者不适应之处?
3.中国给你留下了什么深刻的印象(如事件、人物、习俗)?
4.喜欢(习惯)中国的什么?不喜欢(习惯)中国的什么?
5.你遇到的最开心的事情是什么?最不开心的事情是什么?
6.来中国后,你原来对中国的固有认识是否有所改变?
7.在中国学习遇到过什么困难?你是怎样解决的?

第五章　国际理解教育的组织保障

国际理解教育不仅是全球化的客观要求,也是我国基础教育面向未来,培养适应全球化发展趋势的人才和基本素养的需要。广泛、深入地开展国际理解教育,是一项系统工程,不仅仅需要国家层面的倡导和要求,还需要区域教育部门和行政力量的保障,学校课程统整的支撑,以及能够实施国际理解教育的师资力量,这些都是国际理解教育得以开展的重要条件。

第一节　区域推进国际理解教育

国际理解素养已经是中国学生发展的核心素养之一,是整个基础教育必须落实的培养目标。引导、协助并敦促国际理解素养在本地区的有效落实,是各级各类教育行政部门的责任和义务。

一、区域推进国际理解教育势在必行

(一)区域推进国际理解教育的主要问题

在2010年颁布的《国家中长期教育改革和发展规划纲要(2010—2020年)》中,第一次出现了"国际理解教育"的概念。由于国际理解教育不是显性的三级管理课程,其面临的处境非常尴尬。在教学实践中,国际理解教育还存在以下几个问题。

第一,各地对国际理解教育的认识程度有很大差别。我国客

观上存在着区域的、城乡的和学校各种资源的差异,一些一线、二线城市由于对外开放的程度比较高,对外交流频繁,对国际理解教育的必要性有充分的认识,也有迫切的需求。比如北京、上海、成都、深圳等城市在基础教育中,都用不同的方式进行国际理解教育。但是,那些地处偏远、与外界交流不多的地区,可能会认为国际理解教育不是地方教育的重点,因此没有将其纳入基础教育的视野中。有些地区可能还未听说过国际理解教育,自然不会有国际理解教育实践。

第二,国际理解教育在国家课程体系中有相应的内容,但没有相应的课程。目前,市级地方课程更倾向于关注地方乡土文化特色的教育内容,鲜少关注国际理解教育。只有一些大中城市因对外交流的需要,把国际理解教育建设成为地方课程,比如北京、上海、成都、深圳都有相应的课程建设。北京还开发了地方性的《国际理解》教材,以便国际理解教育的顺利开展。一些外国语学校或者对外交流任务多的地区和学校,建立了国际理解的校本课程,编写了自己学校使用的教材,但缺乏明确的目标、内容、教学过程和教学评价体系。国际理解作为中国学生发展核心素养的18个要点之一,缺乏足够的系统化的课程支持。

第三,国际理解教育的内容综合性强,且不能用单一学科方式呈现教育内容。与现有基础教育分科教学的体系化不同,国际理解教育还不是一个学科,没有学科体系,只有倡导的理念,因此不可能在单一学科中进行教学,需要多学科统整、共同挖掘国际理解教育的内容,形成多学科共同推进的态势,才有利于学生国际理解的价值观及技能的形成。

第四,国际理解教育往往被当作一种短期的暂时的活动来推行。国际理解教育常常是由于市区有重大的国际赛事、国际博览会等活动,以阶段性、行政性倡导、群众运动的方式被观照。在课程组织上,缺乏明确的指导和规范,没有建立起有效的评价机制,降低了各级教育行政部门检查督导的针对性、有效性,也给各级教研部门和学校实施课程增加了难度。

第五,学校对国际理解教育没有给予足够的重视。一些学校对国际理解教育往往采取实用主义的态度,仅限于学校对外交流的现实需要,不能站在未来人才规格的要求来看待国际理解教育,理解上有偏差,研究力度不够,没有整体规划,课程的开设也没有真正的常态化、制度化,导致学生国际理解目标难以有效达成。

第六,作为教育的主体,教师对国际理解教育的目标、内容、方法等缺乏足够的了解。在教学中,国际理解教育是在涉及国际关系、各国文化等内容中进行的,缺少对国际理解教育本身相关的知识以及教育方式的研究。国际理解教育是价值观的教育,价值观的教育与学科知识本身的教育有很大不同。一些教师在进行价值观教育的过程中,说教、灌输现象比较严重,不能按照学生价值观形成的规律进行教育,国际理解教育缺少方法。

解决这些问题,单靠直接对一线教师的自觉意识和自身零敲碎打的研究还不够,需要作为中观层面的市、区、校三级行政及教育科研等力量全方位的整合,营造一个国际理解教育的智力支持环境,才能改变学科教师教学的单打独斗的随意性,保证国际理解教育真正落实到区域的教育教学活动中。这其中,区域教育部门的行政力量最具有领导力、号召力和整合力。

(二)区域推进国际理解教育的重要意义

区域推进中的"区域",既可以以国家为基本单位,比如亚太国际理解教育中心,就是由亚太多个国家组成的专门研究和推进实施国际理解教育的机构,也可以以国家下辖的省、自治区、直辖市为基本单位,形成跨省(自治区、直辖市)的国际理解教育的联盟,目的都是为在区域内对学生进行有效的国际理解教育,培养学生国际理解教育素养服务。我们所说的区域推进主体,指的是在一个国家内,城市下属行政区划的教育部门或者教育研究部门。国际理解教育是国家教育发展纲要要求的内容，从最一般的意义上来说，各省（自治区、直辖市）下设行政区划的教育行政部门都应对国际理解教育的落实负起领导、组织、安排、检查等职责。类似国际理解教育这样的非国家课程，也非地方课程和校本课程，区域推进担负着更为重要的职责。

区域教育行政部门是指一个国家的地方政府对教育事业进行组织领导和管理的机构或部门。它的基本任务和职能是：贯彻执行中央的教育方针、政策和法令及上级教育行政部门的教育工作指示；负责本地区教育事业的发展计划、基本建设、教育经费、干部和教师的管理工作；领导本地区各级各类学校的教育和教学工作，并对厂矿企业举办的学校进行业务指导。就国际理解教育而言，区域教育行政部门推进国家倡导的国际理解教育，是其职责所在，也是整合力度强大的行政力量。

在区域推进的过程中，北京市许多区都采用了区域教育行政部门与区域教育科研部门主导的推进方式。前者通过较强的行政整合、协调、组织、管理、发动力量，保证国际理解教育在区域行政部门的横向联系及区属学校在思想上统一要求，实施上统一部署，各部门协调有组织地落实。后者通过教育科学应用研究、中小学教学研究，促进"科研"与"教研"深度融合，为国际理解教育区域推进提供专业化的智力支持。区域推进国际理解教育，有利于整合各地区的专家团队，给予国际理解教育开展以智力支持；有利于在本地区形成国际理解教育的学习共同体和研究共同体，提高国际理解教育在区域的覆盖面。区域教育行政部门通过寻找教育科研力量强、基础比较好的学校，进行分学段小范围实验，总结经验，进而全区辐射，起到示范引领作用。统一部署，积极筹划，组织培训，总结经验，由点到面，整体推进，全区覆盖，是国际理解教育区域落实的重要组织保障。

二、区域推进国际理解教育的工作思路

根据对国际理解教育特点的梳理,以及已经开展国际理解教育的地区和学校的基本经验,区域有效推进国际理解教育的工作思路大致可以从以下几个方面进行(见图5-1)。

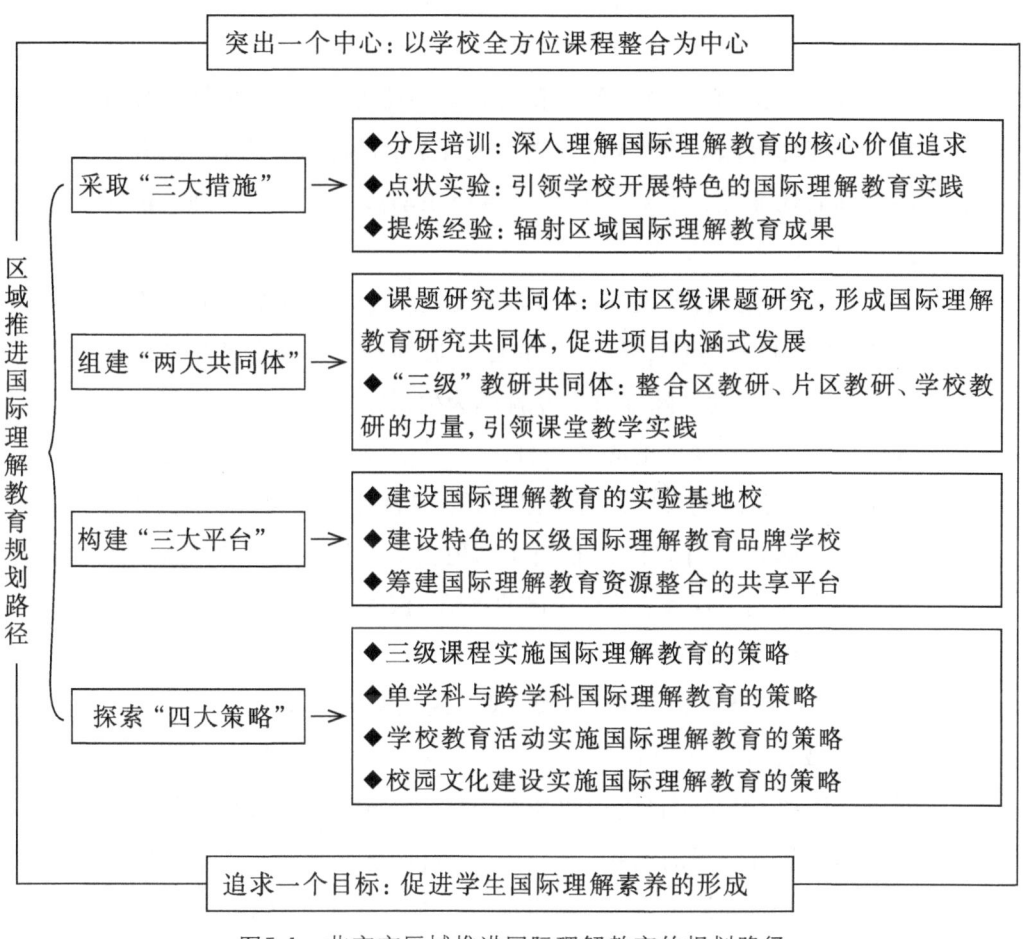

图5-1 北京市区域推进国际理解教育的规划路径

（一）以观念为先导，明确全区开展和加强国际理解教育的必然性

观念是行为的先导。在全区确立国际理解教育必要性的观念是全区开展国际理解教育的前提。

邓小平同志早在1983年就根据当时的国情，从党的总路线总任务出发，提出了"教育要面向现代化，面向世界，面向未来"的要求。教育面向现代化是基础，是核心。从这个基本点出发，教育必须不断改革和发展，必须博采众长，了解和吸收世界先进的科学技术和教育经验，必须及时预测和研究未来社会的发展，把握世界教育发展的趋势，从而使我国的教育能自立于世界教育之林，使我们的子孙后代能凭借其整体的优良素质主动参与到日益激烈的国际竞争中去。

进入21世纪，全球化已经席卷全世界，每个民族、国家之间的相互依赖程度越来越高，世界已经成为一个不可分割的"地球村"。具备一定的国际理解素养就成为生活在现代社会中的每一个人高质量生存和发展的必备条件之一。作为教育工作者，应充分而全面地认识新时期人才培养的趋势，采取各种措施和行动，积极落实国际理解教育。同时，应积极主动地去了解和学习其他国家国际理解教育的先进经验，结合中国的国情，探索一条适合中国国情的国际理解素养培育道路。

（二）整体谋划，整合资源，设计区域实施方案

区域推进国际理解教育是一个系统工程，需要科学地制订区域项目计划，这是项目成功的基本条件。实施方案的设计一般需要根据国家教育发展的纲要，结合市、区教育事业发展对国际理解教育的相关要求和发展规划，做出项目实施的整体安排。具体内容包括制定项目目标、确定项目内容、构架项目组织、做好项目计划、建立项目保障机制。主要目的就是通过明确方向，确定目标，调动各方的积极性，协调教育行政部门、教研机构、校长、学科骨干教师、

专家等各方力量,协同推进,在政策导向、激励机制、组织保障、资金等方面予以支持的方式,促使国际理解教育在区域范围得到全覆盖的落实。

比如,北京市丰台区在区域推进之初,首先组建了由区教委主任牵头的区域教育行政的领导小组,小组成员包括区教委的领导及工作人员。领导小组全面负责项目的组织、协调和领导工作,审定有关方案,给予政策指导和物质保障。其次,聘请市国际理解教育的专家团队人员,推进项目的科学实施;整合市区等各方国际理解教育的专家、学者资源,包括国际理解教育研究团队、教材编写团队,区教研团队资源;负责国际理解教育的专题培训,全程参与项目研讨交流活动;在项目推进过程中,负责具体实施监控与指导,推动项目科学有效地实施。再次,组建国际理解教育骨干教师团队,探索课堂教学方法;组织成员校各科的骨干教师,形成国际理解教育课堂教学的"种子团队",形成典型课例,并通过展示交流,进行区域推广。

这样的区域推进体现多主体、多学段、多学科的推进构想。所谓多主体,是指以区域为主导,上联市级乃至国家级的专家资源,下挂区域下辖各级各类学校行政领导和骨干教师群体,使国际理解教育的理念和行为达成一致,真正能够落实到教师的教育教学实践中,从而培养学生的国际理解素养。所谓多学科,指的是兼顾区域内全学段、全学科学校所有学科教师,协同共进,形成整体推进国际理解教育的态势。

(三)分层、分学段进行多元培训

从培训师资来看,区域推进的国际理解教育,整合了市区等各方国际理解教育的专家、学者资源,包括国际理解教育研究团队、教材编写团队和区教研团队资源。

从培训内容来说,区域推进的国际理解教育培训包括通识性培训、教材培训两大部分,具体培训安排见表5-1。第一部分着眼于对国际理解教育的由来、核心价值、教育目标、教育内容、教育途径等国际理解教育基础性内容的培训；第二部分主要是整合已有的国际理解教育地方性教材的编写者，对区域进行分学段的教材及教学建议的培训。

表5-1　北京市丰台区推进国际理解教育的课程设计

培训模块	培训主题	学时	参加人员
通识培训	国际理解教育概述	24	全体
	教育国际化	8	学校管理者
教材培训	小学国际理解教材的架构及教学建议	16	小学老师
	初中国际理解教材的架构及教学建议	16	初中老师

从受训者的工作性质来说，区域推进的国际理解教育主要对两类人员进行培训。一是学校校长或者分管教学的校长、教务主任等，他们主要在学校实施国际理解教育方案的顶层设计，并督促落实。二是各基地校各科的学科骨干教师，这些骨干教师形成多学科的跨学校学科研究团队。作为"种子选手"，他们根据本学科的教学内容，共同研究国际理解教育"最后一公里"的学科教学实施策略。其中，各学科骨干教师的培训又由于不同学段学生认知水平的不同，教师教学的内容、方式会有不同，需要分学段进行。具体课程设计见表5-1。

（四）"三级教研"务实引领，提高教学质量

从认同国际理解教育的理念，到课堂上有相关的教育内容及教育的方式，真正培养学生的国际理解素养，这个转化本身不容易，且可能要经历一个探索过程。通过区域或者连片教研，教师对国际理解教育的内涵、目标等都有了一定的认识，但是怎样在学科教学中真正开展国际理解教育，很多教师并不得法，即按照平日学科教学的进程，到教学结尾时，把国际理解教育的理念生拉硬拽地带进结语中，认为这样就是提升了学科的价值。那么，怎样在学科教学中让国际理解教育的理念与学科教学内容有机融合在一起？是不是所有的教学内容都适合进行国际理解教育？这些都需要研究。所以，研究下移，建设学科教研基地，聘请专家一起走进学校、走进教师的课堂，研究教师在实施国际理解教育中的真问题，并提炼学科国际理解教育的策略，就成为提升国际理解教育研究质量的必需。

建立两个共同体，提升研究与教学质量。一是建立研究的共同体，以申报市区国际理解教育的相关课题为途径，以研究带动区域各学校的骨干教师，加强研究的力度，促进项目内涵式发展。二是建立"三级教研"共同体，即整合区教研、片区教研、校本教研的力量，形成课堂教学研究的合力，务实引领，提高国际理解教育的教学质量。

（五）先期点状实验，形成国际理解教育多种课型的教学策略

国际理解教育是一种新的教育理念，如何在学校课程层面及学科教学中实施，需要探索。丰台区积极寻找教学基础良好、积极性高、研究实力强的学校，由课程专家全程参与学校课程整合方案的制定，跟踪教师备课、教学、研讨、反思，总结、提炼实验学校典型的国际理解教育案例。丰台区积极探索多种课型的国际理解教育，进而形成专门的国际理解教育、单一学科渗透国际理解教育、跨学科综合实践活动型的国际理解教育、学校主题活动型的国际理解教育等多种课型的教育策略。丰台区积极提炼成果，全区推广，引导区域各学校开展有各学校特色的国际理解教育。

（六）梳理提炼项目成果，分享交流引领全区跟进，形成区域实践策略

丰台区围绕项目目标进行实践探索，梳理提炼项目成果，形成了区域推进国际理解教育的基本策略。

比如，提炼国际理解教育学科渗透的基本框架。这个基本框架不是为了框定教师的教学，而是为了明确国际理解教育在不同课

程体系教学中的基本要素、基本流程和实践模型，以期给其他学校提供一个可以借鉴的图式。

第二节　学校推进国际理解教育

学校是培养人才的摇篮，是为学子的成长和未来事业奠定良好品德及科学文化知识的第一阵地。一般来说，学校课程体系具有相对稳定性，一般情况下不会频繁变动。但是，当社会发展、科技进步、文化变迁、教育改革等一系列因素引起学生发展需求和学校培养目标变化时，学校教育需要对原有的学校课程体系进行局部增删，甚至结构性调整。国际理解教育恰恰是新时期对教育提出的新要求，这就需要每一所学校在学校层面进行顶层设计，把国际理解教育有机地整合到现有的课程体系中。

一、学校顶层设计推进国际理解教育的必要性

《教育对文化发展的贡献》指出了学校在促进文化方面的重大作用。"为了能更好地满足现代社会的要求并对21世纪的挑战作出回应，学校必须面向社会、经济和文化环境，成为一个富有成果的对话场所，并将其视野扩大到世界上的各种文化，不论是区域性文化、国家文化或地方文化。除了发展学生的智力以及观察力、批判性推理能力和问题解决能力外，学校还应使他们在智力和分析能力以及情感、精神和道德素质之间达到一种平衡。"① 同时，学校课程顶层设计并不是学校领导任意的行为。要使国际理解教育进学校、进课堂，学校首先需要研究国家的教育方针、政策、法规，并结

---

① 赵中建.全球教育发展的历史轨迹——联合国教科文组织国际教育大会建议书专集[M].北京：教育科学出版社，2005：443.

合地方政府的教育政策、地方社会对人才培养的期望以及学校教育的历史与现实性,明确顶层设计也要基于"儿童立场"及学校发展实际,进而把国际理解教育变为学校的办学愿景和学校育人目标的有机组成部分,使之成为学校育人的内在需求。其次,学校需要提炼学生在国际理解素养上需要具备的正确的价值观、必备品格和关键能力,从而思考培养学生国际理解素养需要什么样的课程结构、课程内容、评价体系等,把国际理解教育系统化、系列化。

二、学校推进国际理解教育的基本原则

将国际理解教育整合到现有学校的课程体系中,不是对现有学校课程体系的创新建构,而是在对现有课程体系重新梳理和评估的基础上,根据学生培养目标的新要求,把国际理解教育统整、补充到现有课程体系中。在这一过程中,需要遵循以下几个原则。

(一) **整合性原则**

由于国际理解教育涉及的全球议题往往是复杂的、多向度的、变化的和持续的,它将时间、空间、内容与目的四个向度统摄为彼此交融、相互融通的一个整体。就时间向度而言,国际理解教育整合过去、现在与未来的时间状态与交互作用;就空间向度而言,国际理解教育关注本地与全球的相互关联与依赖;就内容向度而言,国际理解教育探讨民族文化理解、异文化理解、和平教育、环境教育等与学生需求有关的议题,以及相互关联与观点的多元化;就目的向度而言,国际理解教育在于引导学生向内提升自己的潜能,向外发现自己生活的世界。因此,将国际理解教育融入学校课程时必须用学科整合的观点观察与理解,并透过实践行动体验与反思。

(二) **系统性原则**

在全球化时代,学校必须教育学生学习人类价值、全球系统、全球议题和全球历史等知识,增进学生与他人之间的相互了解和相互宽容，使学生具有和平、民主、发展的全球视野和胸怀，从全人类发展和全球进步的角度思考问题，成为具有全球化世界生活能力的世界公民。所以，培养世界公民的教育必须包括：全民的——全体学生都需接受的教育，不分背景与能力；全面的——为学生整体教育的一环，不限于学校；全程的——从生命开始到结束的终身教育，不限于固定时间。

因此，将国际理解教育融入学校课程时，既要遵循国际理解教育知识的系统性和逻辑性，也要考虑学生的身心发展顺序和学习规律。这就要求国际理解教育融入学校课程时需整合课程的垂直组织和水平组织，即纵向的衔接和横向的组织。垂直组织是指学习内容的先后次序安排，首先是顺序性，它是指学习内容应有先后次序和对同一题材做延伸的处理；其次是连续性，它是指课程中所包含的要素在不同学习阶段应予以重复，让学习者有继续发展、重复练习的机会，循环往复，逐渐深入。水平组织是指让特定的课程内容能耦合其他课程的内容，并建立融合一致的关系，使学生能够将所学的各种课程贯穿起来，了解不同课程之间的关联性，以增加学习的意义性、应用性和效率性。

（三）校本化原则

国际理解教育必须结合儿童的生活经验，必须是学校本位的课程发展，即由学校和教师根据学校和班级的情况、儿童需求与兴趣、设备与资源的条件、教师能力和专长等设计符合其学生的课程。为此，国际理解教育校本课程开发与设计应包括：在正式课程中融入全球意识与概念；在非正式课程、课外活动或社团活动中，实施国际交流与国际服务；在正式或非正式课程中，利用科学技术进行跨国教师联结；在校园与教室中，营造国际理解教育的学习情境与气氛，发挥潜在课程的教育功能。在我国已有很多学校进行了成功的尝试，如东北师范大学附属小学的国际理解教育校本课程开发与设计就取得了丰硕的成果。

三、学校推进国际理解教育的课程整合策略

（一）将国际理解教育统整到学校办学理念与育人目标中

办学理念是学校办学的灵魂，是指引学校科学发展、和谐发展的核心价值观。它决定着学校群体的教育行为，既指导学校快速健康地发展，也体现出对学校未来发展方向的一种期待。每个学校的办学理念都是依据党的教育方针、国家教育改革与发展规划纲要、时代和形势的发展要求、社会对人才的需求而制定的。所以，从办学理念、办学目标入手，准确定位国际理解教育的地位，是学校顶层设计的重要一环。

每个学校都有自己的办学理念，体现办学特色。在原有办学理念的基础上，把国际理解教育追求与学校办学理念的内涵进行适当的对接，扩充和丰富办学理念内涵，可以提升学校办学的品质。

比如，北京市丰台区草桥小学的办学理念是"融情"。"融情"就是重视"情"的作用，把"情"贯穿教育的整个过程，把"情"投射到教育的各个领域，把"情"作为教育的重要内容。该学校"融情"教育的基本含义是"行有情之教，育有情之人"。"行有情之教"是在方法论意义上强调情感在教育中的重要作用，坚持在管理上以情动人，在德育上以情育德，在教学上以情启智；"育有情之人"是在目的论意义上强调育人必须育情，坚持培养情感丰富、情意深厚、情怀远大的人。

随着国际理解教育的区域推进，草桥小学"融情"教育的理念有了新的扩充和丰富。"情"的内容既要突出学校特色的感恩教育，又要突出中华民族情感的教育，更要着眼于对世界公民国际情怀的塑造。对"情"的理解，也从家、国扩展到世界，具有更为宽大的情怀，不仅提升了学校"融情"教育的品质，也让教师进行国际理解教育有了指引。

再比如，北京市朝阳区芳草地国际学校国际理解教育理念的融入①。该学校构建了核心价值观，即以"荣·融"文化为精神内核，以践行国际理解、提升生命质量为办学理念，立足易知易行、和而不同，致力于学生、教师、学校、社区的发展，使学校成为首都基础教育的典范和中国国际教育的品牌。

该学校确定了育人目标，即培养具有中国情怀、国际视野的芳草学子，即让每一个学生成为热爱祖国、友好中国，尊重包容、友好世界，自信乐群、充满活力，会学善用、充满好奇的芳草学子。

（二）把国际理解教育纳入到学校的课程体系中

1.国际理解教育融入学校课程体系的基本思路

进入学校，就要找到国际理解教育落地的力量，即自觉地将国家、社会的要求转化到学校的教育教学工作中。课程系统建设是一个学校的核心任务，因为进入学校的所有活动，都要以课程的方式呈现，即有教育目的、内容、范围与进程等的规定。课程系统包括学校老师所教授的各门学科和有目的、有计划的教育活动；也包括一些纳入不了学科教学或者是学科通识性的内容，比如学校德育工作，在学校往往以教育性的活动方式体现。教育活动也有清晰的教育目标、教育内容、教育方式，都属于课程建设的范围。课程的内容和结构，往往决定了学生未来的素养结构。因此，学校课程顶层设计是对国家课程理念的校本转化，是学校依托国家课程，结合学校教育自身的历史与现实，立足自身办学定位、培养目标和课程核心素养，突出学校办学愿景，创造适合自身并反映自身特点的课程结构的一种行动。

国际理解教育是通过对多元文化的理解，促使学生养成尊重、理解、宽容、合作的情感态度价值观。而情感态度价值观的培养需要对个体在知识、情感、意志、行为等各个环节进行持续影响才能

---

① 刘飞.国际化背景下芳草地课程体系建设[J].基础教育参考，2013（1）：15.

实现。基于国际理解教育的这一特征，单渠道、短时间的实施过程很难达到预期的教育目的，因而必须建立全方位的国际理解教育的校本化课程实施体系，以确保学生国际理解理念的建立和交往能力的提高。因此，从学校层面，全方位地对学校的各类课程进行整合，是国际理解教育真正得以进行的重要保障。课程实施体系见图5-2。

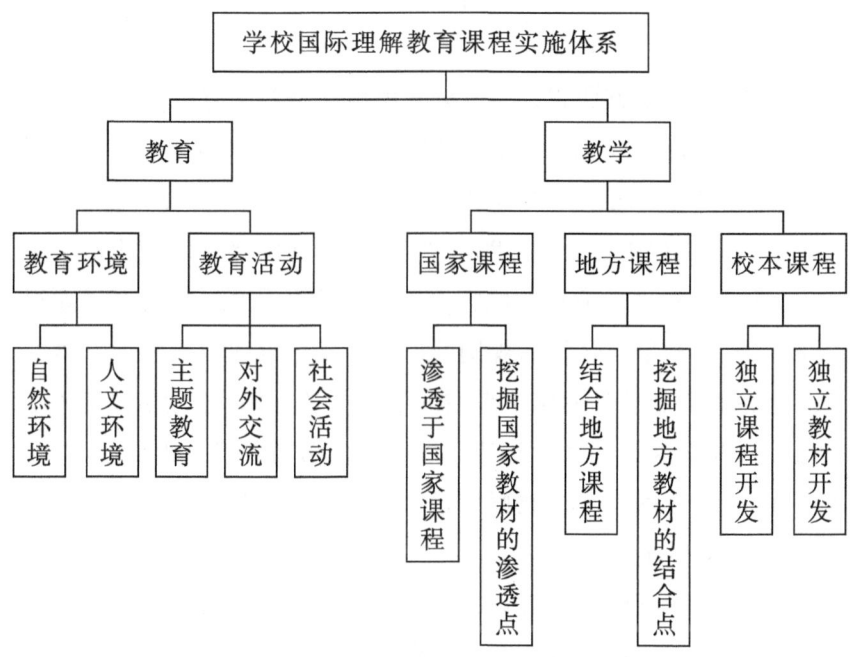

图5-2　学校国际理解教育课程实施体系建构

学校的主要功能是教育和教学，两者密切关联。科学教育学的创始人赫尔巴特提出"教育性教学"原则：没有无教学的教育，也没有无教育的教学。进入学校的所有教育行为都要紧紧围绕"育人"这个目标，有目的有计划地实施。"国际理解"既然是中国学生发展的核心素养之一，理应纳入学校的教育和教学体系中。

2.把国际理解教育统整到教学课程体系中

在中国，三级国际理解教育在基础教育三级课程中要以教育的方式进行顶层规划，从而让国际理解教育不再是学校教育教学外在的附加活动，而是融入学校整体教育教学的有机组成部分。

(1) 国家课程采取渗透式的策略进行国际理解教育。

国家课程体现的是国家意志，是专门为未来公民接受基础教育之后所要达到的共同素质而开发的课程。它是一个国家基础教育课程计划框架的主体部分，反映国家教育标准和共同标准。由于国家课程是按照学科进行的，因此，在国家课程层面，国际理解教育只能用渗透性的方式进行。

(2) 结合地方课程开展专题式的国际理解教育。

在地方课程层面，各地可以结合地方的特殊需求，开设国际理解课程。比如北京作为首都的战略定位是全国政治中心、文化中心、国际交往中心、科技创新中心，这一定位要求北京市的中小学培养既具有北京千年古城特有的传统文化积淀，又具有国际视野懂得国际竞争与合作的规则，具有兼容并包的国际意识素养的人。北京教育学院的专家学者在编撰中小学《国际理解》教材的基础上，对相关学校的教师进行了国际理解教育培训，培养了一支能够进行国际理解教育的教师队伍，为北京基础教育开展国际理解教育奠定了基础。

(3) 专设国际理解教育的校本课程。

校本课程体现的是学生学习的兴趣性，反映学校特色，开发主体是学校的一线教师。这需要教师要有很强的课程开发意识和开发能力。因此，在校本课程层面，国际理解教育课程开发有两种基本方式，一是将国际理解教育作为专门的课程，并结合学校的实际情况开发校本教材，推进国际理解教育。二是结合学校原有的校本课程，在其中加入国际理解教育的元素。比如，有些学校原有的校本课程有诸多中华传统文化的内容，在实施这些课程的过程中，可以渗入其他国家的文化传统内容，强调促进文化多样性的教育，进而推进国际理解教育。

相对国家课程以学科为主的国际理解教育渗透型的方式，结合地方课程或者校本课程，可以对学生进行更为系统的国际理解教育。这种方式的好处是，有科学系统的内容设计，有经过专门培训或者研究的教师，有专门的课时保障，能够保证教学目标的实现。

3.把国际理解教育统整到学校教育活动中

（1）把国际理解教育纳入到学校显性的教育活动中。

学校显性的教育活动包括主题教育、对外交流、社会大课堂等活动。将国际理解教育融入这些教育活动有两种基本方式。一是有目的、有计划、定期开展的特色活动，学校可以积极主动地将国际理解教育的理念与有关活动紧密联系，进而将之统整到学校课程规划或班级教育计划中。比如一些学校以世界文化遗产为载体，定期开展多元文化的教育活动。具体地说，就是每班选择一个世界遗产（"一班一址"），通过做展板、讲解等环节，进行多元文化的交流展示。还有的学校每年都有世界文化艺术节，学生对我国传统艺术、其他国家的音乐、舞蹈艺术进行多方位的展示，以期达成对多元文化的了解、欣赏。二是把国际理解教育活动随机地、临时地融入学校相关的活动中。比如，学校利用节假日的游学活动、假期为社区进行多元文化的展演活动、临时的对外交流活动、参观访问、接待来访国际学生等，都是开展国际理解教育活动的契机。

（2）把国际理解教育纳入隐性的校园文化建设中。

校园文化是学校所具有的特定的精神环境、文化气氛和物质文化的总称，主要体现在隐性课程中。它既包括校园建筑设计、校园景观、绿化美化这种物化形态的内容，也包括学校的传统、校风、学风、人际关系、心理氛围等，还包括学校的各种规章制度和学校成员在共同活动交往中形成的非明文规范的行为准则。健康的校园文化可以陶冶学生的情操，启迪学生的心智，促进学生的全面发展。很多学校通过布置"校园文化墙"，让学校的每面墙壁都能发挥对学生进行国际理解教育的隐性作用。比如，北京市芳草地国际学校国际部大厅的《华夏文明》浮雕与中国部大厅《亚里士多德》《孔子》浮雕遥相呼应，东西方文明相映成趣。在学校有意识的引导下，学生通过校园电视台、广播站、手抄报、电子大屏幕等媒介，以自己的方式交流国际理解心得，了解不同文化间的差异，营造了浓郁的国际理解教育氛围。学生置身于这种环境之中，受这种精神的熏陶，耳濡目染、潜移默化，久而久之，就会成为一个有国际意识、懂国际规则、有良好国际交往技能的人。

（三）创新校本教研机制，撬动学校发展、教师成长、学生成才的杠杆

校本教研的生命力是促进每位教师的专业成长，因此，在推进国际理解教育的过程中，学校要为教师的成长搭建与专家对话的平台、跨学科研究国际理解教育的教研平台以及国际理解教育实施与反思的交流平台，让教师在教研中形成为学生发展服务的校本教研的核心价值，并获得专业自信，实现学校内涵式发展。

1.组建跨学科教研组

一般而言，学校的校本教研以学科教研组为单位，语、数、外都有自己独立的教研组，史、地、政等小学科因为教师人数少，就合成一个教研组。不同学科教师组成的教研组，如果没有一个共同的任务，就很难真正地形成一个教研组。所以，根据学校整体的课程方案创新教研模式，并迅速组成新的教研组开展研究，形成自己教学实践的全科推进策略，显得非常重要。

稳定的校本教研机制是国际理解教育教学真正进入课堂的保障性力量。面对国家对学生国际理解素养的培育提出的新要求，依托学校自身的资源优势和特色进行的国际理解教育教学研究，可以增强校本教研的学术内涵。紧紧围绕学校自身在国际理解教育实施过程中遇到的问题开展实践取向的微研究，可以很好地解决学校在开展国际理解教育时遇到的问题。

2.由各科骨干教师组成教研共同体,在课堂场域中进行研究,形成稳定的教研机制

学科教学是学校教育的主渠道,教师也习惯按照学科的知识体系和知识内容进行教学。但是,对非学科化的国际理解教育如何在课堂教学中进行,不同年级的教学目标如何根据学生的认知水平和实践能力进行设计,学习内容应有怎样的先后次序和对同一题材做延伸处理,都需要学科教师建立起国际理解教育的研究共同体,一起研究确立。比如,要深度研究同一个主题下不同学段的教育目标,就要依据学生的认知特点,形成螺旋式上升的国际理解教育结构体系。这个结构体系要研究和关注课程中所包含的国际理解教育要素在不同学习阶段的重复,让学习者有继续发展、重复练习的机会,循环往复,逐渐深入。这都需要创新学校进行跨学科的稳定的教研机制,进行集体研究。

案例1:芳草地国际学校丽泽分校

不同学段的综合实践活动课程实施国际理解教育的主题和目标建构

活动主题 认知水平 (学段)	登万里长城	学写毛笔字	过中外节日
低年级 (小学一、二年级)	登长城,感受长城之雄伟	学写汉字,体验运笔的奇妙	感知节日活动及代表物品
中年级 (小学三、四年级)	了解长城的来历及其作用,亲历长城,感知其功能	初步感受不同的书法风格,了解不同风格书法的故事	了解节日的来历、意义,体验民族节日的活动
高年级 (小学五、六年级)	初步意识长城的民族精神、象征含义	初步体会所写文字的文化内涵及书法的美感	初步认识节日的文化意义,比较中外节日的文化差异

该校以中华民族本土文化为辐射点,在弘扬继承中华民族文化的同时,不断向外扩展,开阔学生的国际视野,使学生在活动中了解不同地域、不同民族、不同信仰人们的不同文化,初步感知世界文化的多元性,在体验参与中逐步形成尊重差异、理解多元、接纳汲取、合作共享的品质。

建立国际理解教育校内学科教研组工作机制。由于国际理解教育是全科落实,所以,在学校建立跨学科的教研队伍以及教研机制,有利于校本研修的全学科全学段开展。应通过"理论学习—教学设计—研讨修订—教学实施—反思改进"这一工作机制,深度研究同一个主题下,不同学段的教育目标。

案例2:芳草地国际学校丽泽分校

以节日文化主题为例,在同一主题下不同学段的活动目标及活动内容

学段	活动主题:过中外节日		
	活动目标	活动内容	活动范围
低年级（小学一、二年级）	感知本国民族节日活动及代表物品	活动1:清明节诗会	校内:集体活动
		活动2:感知本国的少数民族服饰及生活	校内:民族服饰展览
			校外:游览中华民族园
中年级（小学三、四年级）	了解节日的来历、意义,体验不同国家节日的活动（比如舞蹈）	活动3:多彩的节日	为社区居民表演不同国家的节日舞蹈
		活动4:圣诞节	校内:亲子活动
高年级（小学五、六年级）	初步认识节日的文化意义,比较中外节日的文化差异	活动5:制作节日物品	校内:集体活动
		活动6:讲述节日的故事	

总之，只有在课程层面和学校培养目标整体组织规划的联合推动下，国际理解教育才可能全面而持久地得以落实。

第三节 国际理解教育的教师队伍建设

教师是学校各类课程的实施者。教师国际理解素养的提升对推动受教育者国际理解素养的养成有至关重要的作用。因此，提高教师的国际理解素养是对学生进行有效的国际理解教育的必要保证。

一、教师具备国际理解素养的重要性

（一）国际理解教育是时代的需要

1.全球化时代培养未来合格公民的需要

在全球化时代，作为一个国家的合格公民，具备国际理解素养是一个必备条件。各国基础教育都在不同程度上开展国际理解教育，包括全球化教育、多元文化教育、可持续发展教育、世界遗产教育等，目的都是要让学生养成包容开放的心态，尊重和理解其他国家的历史、文化、宗教信仰等，能够以公平和正义的原则处理国际事务，以促进世界和平与发展。我国国家政策层面也回应了全球化时代合格公民应该具备的上述品质，在2010年发布的《国家中长期教育改革和发展规划纲要（2010—2020年）》中明确提出了"国际理解教育"的概念。此后，加强中小学国际理解教育，帮助学生树立人类命运共同体意识，培养德智体美劳全面发展且具有国际视野的新时代青少年，成为我国基础教育领域的一个重要内容。

国际理解教育势在必行，这是时代对基础教育的学科教师及学校里的每位教育工作者提出的时代新要求。

2.中国学生发展核心素养培育的需要

中国学生发展核心素养以培养"全面发展的人"为核心,分为文化基础、自主发展、社会参与三个方面,综合表现为六大素养,具体细化为国家认同等18个基本要点。其中一个基本要点就是"国际理解",这里的国际理解素养与全球化密切关联,是在全球化进程中,学生与不同文化背景的人打交道时必须具备的知识、技能和价值观。从概念的字面上区分,全球素养打破了族别和国别的界限,更为关注全球各国各地区是一个相互依赖休戚与共的整体,人类命运共同体已经是一个客观的事实,全球问题必须依靠各国各地区共同协商一起解决。国际理解还关注了事实上的族别和国别的界限,以及族别和国别之间的差异,关注跨文化理解,尊重文化多样性,更为深层地倡导人权、民主、宽容等价值观,以在相互理解、相互包容的基础上推进世界和平与发展。

《中国学生发展核心素养》的框架是2017年普通高中各学科培养目标制定的重要依据。《普通高中课程方案(2017年版2020年修订)》明确指出,高中生要"学会交流与合作,具有团队精神和一定的组织活动能力,具备全球化时代所需要的交往能力。尊重和理解文化的多样性,具有开放意识和国际视野"①。各学科课程标准必须落实课程方案的目标要求。因此,作为教师教学的纲领性文件,各学科课程标准也已经把"国际理解"纳入各学科的相关内容中。因此,各学科教师在进行学科核心素养培育时都应该关注国际理解素养的培育问题。

(二)教师实施国际理解教育面临的挑战

在基础教育中,很多教师对国际理解教育还很陌生,对国际理解教育的目标、内容、教学方法缺乏了解,也没有进行国际理解教

---

① 中华人民共和国教育部.普通高中课程方案(2017年版2020年修订)[M].北京:人民教育出版社,2020:3.

育的自觉性。部分教师对国际理解教育的认识也有很大的偏差。比如,有的教师认为国际理解教育就是对外交流活动,不是学科教学应该关注的内容;有的教师把国际理解教育等同于人与人的差异教育,忽略了国际理解教育是在国别间进行的文化差异尊重的教育;有的教师把国际理解教育等同于文化差异的了解教育,缺少对国际理解教育倡导的对异质文化的理解、宽容、尊重等价值观教育的全面理解;有的教师把国际理解教育等同于不同国家文化知识的教育,没有意识到国际理解教育是尊重、理解、宽容等价值观的教育,要用价值观教育的方法进行。

在我国,国际理解教育是与建构和平世界、全球化迅猛发展密切相连的综合性的价值观教育。按照联合国教科文组织的要求,国际理解教育涵盖了五大主题:和平、人权、全球化、文化多样性、可持续发展,而这些内容涉及宏大且复杂的国际社会政治、经济、文化、环境等,让国际理解教育注定不能成为一个独立的学科而存在,其相关内容或明或暗地包含在学校的全部课程中,成为教师必须通过自觉的意识,挖掘学科相关内容,努力达成的育人目标。如果教师没有国际理解教育的意识和相关素养的话,国际理解教育也只能成为一阵风的活动,很难在国家课程及学校的其他课程中有效地实施。

目前,国际理解教育所要承担的重大责任,与能够进行国际理解教育的师资力量之间存在着比较明显的差距,需要通过各种各样的方式提升教师的国际理解素养。

二、教师国际理解教育素养建构

教师的素养,即教师的素质和修养,是指教师与生俱来的及通过后天培养、修炼、塑造的品质。这是教师作为一个个体自身拥有的知识、技能、情感态度价值观等综合性的品质。作为教师群体中的一员,教师还是对学生进行有意识、有目的教育的主体,因此,教师的素养，既要包括其自身具备所教学科的知识、技能和情感态度价值观，还要包括其作为教育者的教育知识、教育技能、教育方法、教育情意等素养。基于这种认识，我们把教师的国际理解素养分为两个方面：一是教师自身的国际理解素养；二是教师的国际理解教育素养。换言之，教师进行国际理解教育时，需要具备国际理解教育的相关专业知识、专业技能（教学设计、教学方法）及专业情意。

（一）教师的国际理解素养

"在发展国际理解的过程中，教师的个性和态度至关重要，会在很大程度上决定国际理解教育是否能够达到其目的。"[①]教师的国际理解素养影响着国际理解教育实施的程度和水平。因此，教师除了要具备传统意义上教师必备的基本素质以外，还必须具备全球视野，拥有丰富的国际知识、多元文化的知识、可持续发展的知识，具有良好的国际交流能力及一定的国际理解精神和态度。一句话，教师应当具备面对全球化挑战的素质和能力。具体而言，教师的国际理解素养是指教师具有广博的人文素养，包括具备人文知识、理解人文思想、掌握人文方法、遵循人文精神；认同以和平文化为理念，并由此形成人权、民主、尊重、宽容等价值体系，在自身的社会生活中，愿意并且有能力以和平的方式解决冲突，化解矛盾；具有良好的跨文化沟通技能，成为合格的全球公民。

我们可以从知识、技能、情感态度价值观等方面对教师的国际理解素养进行描述。

教师要具备国际理解的知识，能够了解联合国及下属各国际组织的相关知识；拥有本国传统文化和他国文化的丰富知识，了解不同文化的差异性；具有文化敏感性，即了解本土文化和异质文化

[①] 赵中建.全球教育发展的历史轨迹——联合国教科文组织国际教育大会建议书专集[M].北京：教育科学出版社，2005：319.

的区别及这些文化特点对自己和他人言行举止的影响,特别是对同一个文化现象理解的差异性;对全球性问题和跨文化知识应有相当的理解和掌握。

在技能方面,具有理解差异性文化的能力,能够让文化差异成为解决问题的源泉或资源的能力;能够避免冲突,或用和平方式解决冲突的能力;能够进行积极有效的沟通,重视合作和发展,具有实现共赢的能力;具备积极参与建设一个更加和平、公正和可持续发展的世界的行动力。

在情感态度价值观方面,能够对不同文化持理解和尊重态度,求同存异,具有民主、公平、公正、宽容等品质;具备开放的态度、全球化思维,承认共同的责任,并愿意与他人合作以实现这些责任;具有致力于维护所有人的权利和尊严的意识;愿意践行可持续发展的生活方式。有这样价值观的教师,会对自己及周围环境了解更加深刻,并积极地反对暴力、压迫和战争。在亲近人类共同遗产的过程中,开阔眼界、胸怀世界,自觉形成人类命运共同体的责任感与使命感。

(二)教师的国际理解教育素养

教师的国际理解教育素养,是指教师认同国际理解教育的理念、具备国际理解教育的能力,具备国际理解教育的专业知识及进行国际理解教育所需要的素质和修养。我们从国际理解教育的专业知识、专业技能、专业情感态度价值观等三个方面,对教师的国际理解教育素养进行说明。

1.教师国际理解教育的专业知识

国际理解教育的专业知识是教师开展教育、保证教学质量的基础。主要包括两个方面:一是国际理解教育本身的发展历程、教育目的等通识性的知识;二是国际理解教育的核心内容、统领观念等相关主题的知识。具体的国际理解教育专业知识见表5-2。

表5-2 国际理解教育的专业知识维度及内容

维度	二级维度	指标描述	具体知识内容要点
专业知识	具有国际理解教育的通识性知识。	教师对国际理解教育的目标、发展历程的了解。	◆了解国际组织,并知道其在解决国际争端中的作用。 ◆知道国际理解教育发生、发展的历程,了解一些国家国际理解教育实践探索的基本经验。 ◆明确联合国教科文组织及我国国际理解教育的育人目标。 ◆清楚地知道我国国际理解教育的相关政策文件规定。
	具有国际理解教育相关主题的知识。	教师对国际理解教育五大领域知识的认识及理解。	◆全面了解和平文化的内涵,了解和平文化对世界的意义和价值。 ◆认识人权及其重要性;了解人权发展的历史,以及我国对人权的基本立场。 ◆能够了解并解释文化多样性产生的缘由;了解各具特色的异域文化,深入理解本土文化。 ◆了解发展的问题,认识环境,了解可持续发展及环境保护的相关知识。 ◆充分认识全球化带来的相互依存、相互依赖对社会发展的影响;了解全球性问题,以及人类为解决全球性问题所做出的努力。

2.教师国际理解教育的专业技能

教师国际理解教育的专业技能主要指教师在教育实施过程中所体现出来的教学设计能力、学生情况的调研能力、教学方法的应用能力和指导学生学习等方面的能力。在教学中,教师要注重激发学生的学习兴趣和学习动机,注重学习情境的创设,运用多种教学策略,促使学生增进对本土与他国文化的理解,培养跨文化交流能力,利用相关信息创造性地解决人类社会或当地可持续发展面临的问题。具体的国际理解教育专业技能见表5-3。

表5-3　教师国际理解教育的专业技能维度及内容

维度	二级维度	指标描述	具体技能内容要点
专业技能	具有开展国际理解教育活动的教学技能。	教师充分掌握国际理解教育中价值观教育的教学方法。	了解国际理解教育，诸如价值观教育、综合性教育的特点，能够自如地运用价值澄清法、价值发现法、价值分析法等价值观教育的方法进行教学；能够结合自己的学科或者各种教育活动，有意识地、适时地开展国际理解教育；能够熟练掌握多种国际理解教育的实施策略，比如渗透式教学策略、项目化学习教学策略、问题解决式教学策略。
		教师具备依据不同的课型进行国际理解教育教学设计的能力。	能够挖掘学科教学中国际理解教育的内容和育人价值，并能够制定适切的国际理解教育目标；能够依据国际理解教育的"五大主题"整合教学内容；能够结合学生的认知规律，分层、分阶段地设计以学生为中心的学习活动。
		教师依据教学设计有效开展教育活动的能力。	能够根据教学设计实施国际理解教育的能力。
		教师能够合理地评价学生国际理解教育活动中的学业质量。	能够通过设计学生学习过程和结果性评价指标，有效地评价学生国际理解素养的发展水平；能够通过调查、问题解决、合作完成任务、成果展示等方式准确评价学生的学业成就，并及时给予反馈，促进学生的发展。

续表

维度	二级维度	指标描述	具体技能内容要点
专业技能	具有国际理解教育的指导技能。	教师对国际理解教育指导技能的掌握。	指导学生建立批判性的思维能力、解决问题的能力、合作的能力、想象的能力、自我主张能力、解决矛盾的能力、沟通交往能力。 掌握有关其他民族、文化、实践和问题的信息获取能力，保证信息来源多样化、真实，并具有尊重不同文化的能力。 提高学习者的自主性和自我价值观，鼓励学习者发展、反思和及时澄清价值观；能够指导学生发现并欣赏其他文化的价值。

3.教师国际理解教育的专业情感态度价值观

教师在进行国际理解教育的时候不仅仅需要丰富的学识，还需要具备专业的情感态度价值观。持续的热情、主动积极的态度、正确的价值观念是国际理解教育的强大精神内驱力。具体的国际理解教育专业情感态度价值观见表5-4。

表5-4 教师国际理解教育的专业情感态度价值观维度及内容

维度	二级维度	指标描述	具体知识内容要点
专业的情感态度价值观	具有正确的国际理解教育的价值观。	教师对开展国际理解教育的意义有充分的理解。	促进宽容、平等、多样性和开放意识，充分意识到全球化带来的相互依存、相互依赖对社会发展的影响。

续表

维度	二级维度	指标描述	具体知识内容要点
专业的情感态度价值观	具有正确的国际理解教育的价值观。	教师拥有弘扬传统文化、借鉴多元文化的价值观。	认可文化差异是客观的，无法凭个人喜好来拒绝或消除；认同本土文化，具有传承中华优秀文化的责任感和加强国际理解的意识；尊重、宽容异域文化和风俗习惯；容纳并对不同文化感同身受。
		教师拥有可持续发展的价值观。	认同可持续发展的核心是发展；知道人类经济和社会发展不能超越资源和环境的承载力；认识到人类的发展不能以牺牲生态环境为代价；养成节约资源、保护环境的生活方式。
	具有开展国际理解教育的热情。	教师具有全球公民的责任感。	具有人类共生的意识，具有全球意识和责任感；倡导世界和平，保护全球环境，为解决全球问题积极贡献自己的力量。
		教师拥有长期从事国际理解教育的热情。	国际理解教育的内涵是在不断变化的，教师能够主动搜集国际理解教育的相关信息；积极参加国际理解教育的培训；愿意在所教学科或者相关教育活动中，以渗透或者主题的方式，有计划地、长期地对学生进行国际理解教育。
	具有国际理解教育的态度。	教师具备国际理解教育的课程意识。	能够结合所教学科和学生发展的实际情况，适时地开发国际理解教育课程，成为课程变革的实践者和传播者。

教师只有具备以上国际理解教育素养，才有可能把握国际理解教育的本质特征，实现国际理解教育所追求的核心育人目标。

三、教师国际理解素养培育的基本途径

国际理解教育素养不仅是某一特定学科要教育的内容，也是所有学科教师都要具备的素养。从确定课程的形式、填写课程纲要、编写校本教材到组织教学，国际理解教育及其课程实施实际上对教师提出了新的要求和新的挑战。迎接挑战的过程就是教师成长提高的过程。

（一）专门的国际理解教育教师培训

目前，教师的国际理解教育素养已经不是对个别教师的要求，而是所有教师都应当具备的素养。所以，很多国家为基础教育师范生开设了国际理解教育课程；对已经入职的教师，也通过各种方式的专门培训，促使他们提升国际理解教育素养。在我国，这个方面的培训比较少，即便有一些培训，课程的系统性也还需要加强。

笔者作为北京市教师培训的成人院校——北京教育学院的教师，依托北京市《国际理解》地方教材编写团队，对在职中小学学科教师及骨干教师进行了培训，具体培训课程设置见表5-5。培训除了包括对国际理解教育的通识性培训、教材及教学方法的培训，还包括国际理解教育的教学实践指导的模块，以期使学科教师把所教学科与国际理解教育的目标在恰当的教学内容中有机地结合起来，有效地开展国际理解教育。

培训时，要求教师意识到，"教学应以对人的研究为基础，应培养学生的公民意识和责任感""教师应有兴趣、态度、知识和技能来培养学生，使其在班级和家庭，在地区、国家和世界范围内，能够和睦相处、相互宽容、团结协作；培训机构应认识到这个问题同样重要，并通过教学与实践，使教师能培养其学生良好的人际关

系和国际理解精神"[①]。

表5-5 北京教育学院教师培训——国际理解教育的课程设置

培训课程模块		课程名称	培训方式
模块一	基本理论	国际理解教育的理论与实践	专家讲座为主
		国际理解教育发展的研究	
		中日韩三国的国际理解教育	
模块二	相关知识	文化视野中的国际理解教育	专家讲座为主
		国际理解与生活价值教育	
		中国传统历史与文化	
模块三	教材教法	国际理解教材体系解读	讲座+互动研讨
		国际理解教育的教学方法与途径	
模块四	实践活动	课堂教学实践研究	教师教学+小组研讨+专家指导
		人际交往拓展训练	体验活动——感受合作的意义
		社会考察体验文化	体验活动——感悟文化的力量

（二）利用对外交流活动，推动教师国际理解教育素养的提高

在经济全球化背景下，教育国际化已经成为世界教育发展的必然趋势。教师直接的对外交流活动，是促进不同民族和文化之间加深理解及提高教育标准的最有效果的一种方法。因此，相关院校和培训机构要努力为师范生和一线教师创造和寻找各种对外交流的机会，增加教师的文化体验，帮助教师透视各种不同文化现象，为他们形成国际理解的态度和精神打下基础。教师特别要学会利用网络了解不同国家和不同的文化，了解不同的生活方式、思维方式，形成尊重不同文化的态度。

[①] 赵中建.全球教育发展的历史轨迹——联合国教科文组织国际教育大会建议书专集[M].北京：教育科学出版社，2005：117.

（三）以课题研究为平台，促进教师国际理解素养的培育

创造参加国家级课题、市级教育规划办课题、区级教育规划课题的条件，把教师纳入到课题研究的实践团队中，使他们一边分享专家的理论研究成果，一边在专家的指导下进行教学实践的探索。这是教师国际理解教育能力提高的一种快捷方式。比如由中国联合国教科文组织全国委员会申报立项的课题"核心价值观视阈下世界遗产教育实施策略研究"，就整合了全国世界遗产保护方面的专家资源以及全国70多所大中小学、幼儿园，围绕"传承民族优秀文化、尊重文化多样性、增强环保与可持续发展意识、倡导国际社会和谐发展"四大核心价值观开展研究和实践，形成了世界遗产教育的实施原则及施教策略。在这个过程中，教师对本国和他国世界遗产的文化价值的认知度及教育的能力得到显著提高。

（四）教师之间建立研修共同体，增进国际理解的教育经验交流

国际理解教育是一种新的教育理念，有新的教育目标和教育内容。因此，教师基于新的教育情境、教育问题形成群体，合作性地开展国际理解教育的实践和研究是非常必要的。这里的教师不仅仅是本学校、本地区开展合作与交流的教师，还可以扩展到不同国家开展国际理解教育的教师，形成教师研究联盟，进而对世界国际理解教育信息和经验展开交流。比如，北京市朝阳区以芳草地国际学校为核心，在区域内定期进行国际理解教育研讨活动。亚太国际理解教育中心每年也有国际理解教育的研讨会，邀请亚太地区进行国际理解教育的教师进行多方面的交流。这些都对促进教师国际理解教育水平的提升大有益处。